컨셉 잘 잡는 컨셉

KONSEPUTO SHIKO NO KNOW-HOW DO-HOW
by Yoshiaki Noguchi and HR Institute

Copyright ⓒ 2002 by HR Institute
All rights reserved.

No part of this book may be used or reproduced in any manner
whatever without written permission except in the case of brief quotations
embodied in critical articles or reviews.

Original Japanese edition published by PHP Institute, Inc.
Korean translation rights arranged with PHP Institute, Inc.
through Japan Foreign-Rights Center / Bookcosmos.com
Korean translation copyright ⓒ 2003 by Keorum Publishing Co.

이 책의 한국어판 저작권은 Japan Foreign-Right Center와 북코스모스를 통한
저작권자와의 독점 계약으로 기획출판 거름에 있습니다. 신저작권법에 의해
한국 내에서 보호를 받는 저작물이므로 무단 전재와 복제를 금합니다.

コンセプト思考のノウハウ・ドゥハウ
HRインスティテュート, PHP研究所, 2002

컨셉 잡기의 고민을 끝내는 책!

컨셉 잘 잡는 컨셉

HR인스티튜트 지음 · 양영철 옮김

컨셉 잘 잡는 컨셉

지은이 HR인스티튜트
옮긴이 양영철
펴낸이 하연수
펴낸곳 **기획출판 거름**

출판등록 제7-11호(1979년 6월 28일)
120-820 서울시 마포구 동교로 49(망원동 338-78) 정하빌딩 2층
이메일 : keorum1@naver.com
Tel(02)333-2121 Fax(02)333-7877

제1판 제1쇄 2016년 4월 15일

ISBN 89-340-0408-0 03320

* 이 책은 『좋은 컨셉은 어떻게 만들어지는가』의 개정판입니다.
* 책값은 뒤표지에 있습니다.
* 잘못 세본된 책은 구입하신 서점에서 바꾸어 드립니다.

| 추천의 말 |

컨셉 사고로 단단히 무장하라

"컨셉concept이라는 말을 정확히 이해하지 못한 사람과는 함께 일하지 마라."

누군가 컨셉과 관련해서 내게 묻는다면, 위와 같이 잘라 말하고 싶다. 그만큼 오늘날 비즈니스 활동에서 컨셉은 두말할 필요 없이 기본이자 근본이며 비즈니스의 핵심 자체다.

최근 경영과 비즈니스 환경을 둘러싸고 많은 유행어들이 명멸하고 있다(대부분 곧 사라질 말들이기 때문에 굳이 나열하지는 않겠다). 그 중에는 세계적인 트렌드인 양 과대포장된 것들도 많다. 많은 CEO들은 미디어에 의해 확대되고 재생산된 미사여구를 믿고 유행어 한마디에 매료된다. 그래서 직원들을 불명확한 비전과 애매모호한 구호들 속에 가두어 놓고 무작정 최고의 성과를 내놓으라고 요구한다. 소수의 진정한 핵심 인재들이 가장 싫어하는 상황을 CEO들 스스로가 연출해내고 있는 우스꽝스러운 풍경이 아닐 수 없다. 이런 상황이 지속된다면 핵심 인재들은 머지않아 그 조직을 이탈하고 말 것이다.

문제의 핵심은 다음 두 가지로 요약될 수 있다. 첫째, 어떤 사고방식을 서로 공유해야 CEO와 핵심 인재들이 행복한 동행을 지속할 수 있을 것인가? 둘째, 어떤 사고방식을 개발하고 발전시켜야 핵심 인재의 대열에 낄 수 있을까?

첫 번째 문제는 주로 CEO나 간부들에게 해당될 것이고, 두 번째 문제는 일터와 업무에서 자기 성취를 추구하는 대부분의 직장인에게 해당되는 문제일 것이다. 두 가지 문제에 대한 명쾌한 답이 한 가지 있다. 바로 이것이다.

"컨셉 사고로 단단히 무장하라!"

나는 컨셉 사고에 능한 사람을 좋아한다. 그리고 그런 사람들과 함께 작업하는 것을 즐긴다. 그 과정은 마치 잘 준비된 세미나를 진행하는 것과 같다. 저마다 열심히 쌓아온 지식과 정보를 서로 공유하면서 각자의 전문성을 키우는 계기가 됨과 동시에, 자신도 모르게 스스로 제한해 온 사고의 경계를 무너뜨리고 확장시켜 나가는 창조적 생산의 과정이 끝없이 펼쳐지기 때문이다. 그런 유익한 과정들을 거친 후라면 기대 이상의 성과를 만들어내는 것은 당연한 귀결이다.

그와 반대로 컨셉 사고에 대해 무지하거나 컨셉 사고를 무시하는 사람과의 작업은 꽤나 고되고 효율성이 형편없이 떨어지게 마련이다. 물론 시간적 여유가 있어서 학습의 기회가 주어지는 경우라면 사태가 나아질 수 있겠지만, 그렇지 않은 경우가 대부분인지라 내 스스로 기대치를 높이는 무리수를 절대 두지 않는다.

심지어는 끝까지 문제없이 마무리하는 정도의 선으로 목표를 낮춰 잡기도 한다(내 경험상 실제로 그랬고, 지금도 그렇다. 여기에 해당되는 조직이나 조직원에게는 미안한 얘기지만 촉박한 시간이라는 물리적 제약 앞에서는 개인적 힘만으로 어쩔 도리가 없다).

그렇다면 이렇게 이야기하고 있는 장본인은 어떻게 컨셉 사고를 키웠을까? 그 해답이 바로 이 책 안에 있다.

나도 처음 마케팅과 인연을 맺고 나서 얼마간은 '컨셉'이라는 말로 인해 머리를 싸매야만 했다. 마케팅 컨셉, 제품 컨셉, 비즈니스 컨셉, 광고 컨셉, 프로모션 컨셉, 크리에이티브 컨셉, 디자인 컨셉, 메인 컨셉, 서브 컨셉 등 하루에도 수십 개식 쏟아지는 '컨셉들' 때문에 녹초가 될 지경이었으니까.

그런데 컨셉이라는 단어를 그렇게 많이 접했지만 머릿속에 개념이 명확하게 규정되지 않아 너무나 답답했다. 컨셉의 의미나 확장성, 활용 범위 등 나의 궁금증과 호기심에 대해 친절하게 설명해 주는 이는 단 한 사람도 없었다. 그러던 중 나의 답답함을 한 방에 씻어줄 수 있는 책을 만난 것이다.

아마 이 책의 앞부분 4분의 1만 읽어도 책의 진가를 충분히 발견할 수 있을 것이다. 그리고 그 진가란 것이 너무도 실용적이어서 바로 오늘, 바로 1분 후에 현업에서 써먹을 수가 있다. 이렇듯 지적 충족감과 실용성을 겸비한 책은 그리 많지 않다.

그동안 후배들에게 좋은 책을 많이 소개해 왔다. 그 책들 중에서 이 책은 필독서 톱 5 안에 꼭 들어 있었다. 내게 도움이 되었듯이 그들에게도 틀림없이 도움이 될 거라고 확신했기 때문이다.

지금 이 글을 쓰면서도 똑같은 확신을 갖고 있다. 컨셉에 강한 사람만이 일의 효율성을 높일 수 있고, 그런 사람만이 자신의 성장을 지켜보는 유리한 고지에 올라설 수 있다.

좋은 책은 시대를 뛰어넘는다고 한다. 이 책은 아마 10년, 아니 20년이 지난 후에도 읽힐 비즈니스의 고전이 될 것이다.

하우석
공주영상대학 이벤트연출과 교수,
『기획 천재가 된 홍 대리』『100억짜리 기획력』의 저자

| 머리말 |

컨셉 사고는 새로운 가치와 시장을 창출한다

로지컬 싱킹logical thinking이란 '쉽게 이해할 수 있도록 만드는 사고'다. 즉, 정리하고 체계화하여 행동으로 옮기기 위해 필요한 논리적 사고를 가리킨다. 감각과 경험, 근성과 담력만으로는 성과를 거둘 수 없는 요즘 같은 시대에, 논리적 사고는 비즈니스맨에게 반드시 필요한 기술이다.

그렇다면 비즈니스맨이 진정으로 갖추어야 할 의식과 능력은 무엇인가? 바로 '컨셉 사고conceptual thinking'다. 새로운 서비스와 상품을 개발하고 출시하여 지속적인 성공을 얻으려면 기존의 것보다 뛰어난 차별적 우위성이 필요하다. 다시 말해 독자성, 독창성, 경쟁 우위성에 대해 시장의 인정을 받아야만 비로소 히트 상품이 탄생하고, 비즈니스가 성공하는 것이다.

오늘날 시장은 더 이상 급성장하기 어렵다. 살아남기 위해서는 새로운 시장을 창조하거나 시장점유율을 높이는 방법밖에는 없다. 그런데 이는 논리적 사고, 즉 로지컬 싱킹만으로는 불가능하다. 정리하고 체계화하는 것만으로는 새로운 가치를 창출할 수 없다는 말이다. 다음에 주목하자.

- 컨셉 사고는 새로운 철학을 낳는다.
- 컨셉 사고는 새로운 가치를 낳는다.
- 컨셉 사고는 새로운 문화를 낳는다.

컨셉은 개념이 아니다. 컨셉은 본질이다. 컨셉은 특징이다. 컨셉은 차별적 우위성이다. 눈에 띄는 것, 특별한 것, 독창적인 것, 차별적인 가치관과 행동 등 컨셉은 '다른' 것이고 '독창적인' 것이다. 그러나 단순히 차별화된 것이나 다른 것만은 아니다. 컨셉은 항상 '본질적'이어야 한다.

무담보 소액 대출 전문 은행인 방글라데시의 그라민Grameen은행, 서비스의 상징인 미국의 노드스트롬Nordstrom 백화점, 재미있는 업무를 강조하는 사우스웨스트항공Southwest Airlines, 꿈과 기쁨·친밀감·독창성에 많은 관심을 쏟는 혼다Honda, 신속한 가설 검증 사이클을 운용하는 세븐일레븐7-Eleven 등은 모두 본질을 추구하는 대표적인 기업들이다.

이들은 모두 단순한 현장 전략 수준이 아니라 철학과 신념의 수준에서 사고한다. 또 본질로 승화시켜 다시 심층적으로 연구하고 진화시킨다. 이러한 사이클이 바로 컨셉 사고다.

컨셉 사고란 본질을 탐구하는 것이다. 로지컬 싱킹은 이해하기 쉬운 사고다. 그런 의미에서 로지컬 싱킹은 컨셉 사고의 전제라고 할 수 있다. 그러나 로지컬 싱킹만으로는 가치를 만들어낼 수 없다. 오로지 컨셉 사고만이 새로운 가치, 새로운 시장을 창출할 수 있다.

  이 책에서는 컨셉 사고의 도구로서 '컨셉 트리concept tree'와 '컨셉 매트릭스concept matrix'의 개념을 설명할 것이다. 컨셉 트리는 컨셉을 만드는 데 필요한 내적, 외적 환경과 요소를 순서대로 정리하여 핵심 메시지의 얼개를 그리는 설계도이며, 컨셉 매트릭스는 컨셉 트리를 바탕으로 각각의 요소를 더 풍부하고 정밀하게 숙성시켜 컨셉을 창조하는 인큐베이터다.

  이 책은 컨셉 트리와 매트릭스를 응용하여 컨셉을 창조하는 과정을 단계별로 보여줌으로써 무수한 시행착오와 어려움을 피할 수 있게 해줄 것이다. 아울러 미션과 비전, 비즈니스 모델, 전략, 상품 개발, 광고 등의 5가지 상황을 살펴봄으로써 구체적으로 활용할 수 있는 컨셉 사고의 방법을 알려줄 것이다.

HR인스티튜트 대표
노구치 요시아키野口吉昭

| 옮긴이의 말 |

분명한 컨셉은 사람을 매혹한다

새로운 무언가를 만들거나 내세워야 할 상황에서 사람들을 가장 괴롭히는 것 중 하나는 그것의 특성을 표현하는 말이나 이미지일 것이다. 사람들의 관심을 끌어내어 팔아야 하는 상품은 말할 것도 없고, 사업의 미래를 결정짓는 기업의 전략, 당락을 좌우하는 정치인의 구호, 소비자의 뇌리에 박혀야 할 광고 카피, 시선을 확 끌어야 할 신문기사의 헤드라인, 심지어 데이트에 나가는 연인들이 연출해야 할 이미지 등 새로운 무언가로 다른 사람의 마음을 사로잡아야 하는 경우가 바로 그것이다. 이처럼 어떤 새로운 것의 특성을 표현하는 말이나 이미지를 우리는 흔히 '컨셉'이라고 한다.

컨셉의 사전적인 의미는 '개념'이다. 그런데 우리가 '너의 컨셉은 뭐냐, 이것의 컨셉은 뭘까'라고 할 때의 컨셉은 개념이라기보다는 개성이나 특성을 의미한다.

세계 최대의 할인마트인 월마트WalMart의 개념은 '대형 할인 소매업체'이지만 그들의 컨셉은 '매일 최저가격'이다. 대형 할인 소매업체는 많지만 '매일 최저가격'이라는 전략을 중심에 두고 운영하는 곳은 월마트뿐이다. 최저가격으로 판매하기 위해서는 물류, 판매 시스템, 고용 등 경영 전략이 타사와 달라야 한다. 남과 다르면서도 앞서는 것, 즉 차별성과 우위성을 나타내는 특성을 함축하는 말이 바로 컨셉이다.

정보가 넘쳐나고 기술과 기능이 평준화된 시대에 사람들의 이목을 끄는 것은 과장되지 않으면서도 강렬하고 독특한 컨셉을 가진 사람과 상품과 기업의 이미지일 것이다. 이 책은 모든 사람들이 고민하지만 명쾌하게 제시하지 못하는 컨셉에 대해 알기 쉽게 정리해 주는 최초의 책이라는 데 의의가 있다.

그렇다면 그토록 중요한 컨셉은 어떻게 만들어지는가? 단지 천재적인 영감을 가진 몇 사람만의 전유물인가? 컨셉을 만드는 공식이나 프로세스는 없을까? 이 책은 마치 방정식을 풀듯이 일정한 공식에 따라 누구나 쉽게 컨셉을 만들 수 있게 도와준다. 마치 수학의 방정식에서 X의 값을 알면 Y의 값을 아는 것처럼, 저자는 독자들에게 켄셉이라는 답을 얻기 위해 공식과도 같은 프로세스와 도구를 제시한다.

이 책에서 제시하는 수단은 보통의 대기업과 맥킨지 같은 컨설팅회사, 그리고 광고기획사 등에서 전략을 수립하거나 상품이나 광고를 기획할 때 사용하는 방법의 장단점을 보완한 것으로 매우 간편하게 컨셉을 도출할 수 있다.

이해를 돕기 위해 간단히 살펴보면, 저자가 제시하는 컨셉의 주요 도구는 컨셉 트리와 컨셉 매트릭스다. 전자는 나무 모양의 설계도이고, 후자는 컨셉을 키우는 자궁, 또는 인큐베이터라고 할 수 있다.

컨셉 트리는 컨셉을 만드는 데 필요한 각종의 재료와 요소를 모아 순서대로 정렬하는 것이다. 예를 들어 서울 시내에 분위기 좋은 카페를 개점한다고 할 때 고려해야 할 요소는 강남, 강북, 종로, 명동, 압구정동 등 장소의 이미지라는 요소와 직장인, 대학생, 활동파, 나홀로족, 중년여성 등 직업이나 성향에 따른 고객 요소가 있을 것이다. 더불어 록, 클래식, 재즈 등 음악적 분위기와 인터넷, 흡연실, 토론방이라는 공간적 요소가 있을 것이다. 이렇게 카페를 둘러싼 내적, 외적 환경과 고객의 요소를 모아 알맞은 것끼리 나무처럼 연결하여 얼개를 그리는 것이 컨셉 트리다.

컨셉 매트릭스는 컨셉 트리의 얼개를 바탕으로 각각의 요소를 더 풍부화, 정밀화하고 충분히 숙성시켜 '이것이다'라는 핵심 컨셉을 만들어내는, 말 그대로 컨셉의 인큐베이터다. 예를 들면 '사계절의 변화를 느낄 수 있는 센트럴파크풍의 카페'라는 식의 컨셉을 도출할 수 있을 것이다.

사실 새로운 사업을 시작하거나 광고를 만들거나 상품명을 지을 때 누구나 이런 비슷한 과정을 잠깐이나마 거치게 마련이다. 이 책은 설계도와 프로세스를 통해 컨셉을 창조하는 과정을 단계별로 보여줌으로써 무수히 부딪히는 어려움과 오류를 피할 수 있게 해준다.

이 책의 구성도 이런 순서를 따른다. 즉 1, 2장은 컨셉의 정의와 컨셉을 만드는 원리를 자세하게 다룬다. 3장부터는 세계적인 브랜드에서 동네 카페에 이르기까지 다양한 사례를 바탕으로 컨셉 트리와 컨셉 매트릭스를 응용하여 전략, 미션, 사업 모델, 상품 개발, 광고 등 실제로 컨셉을 어떻게 만드는지 자세히 알려준다. 한마디로 이 책은 컨셉에 관한 이론과 실전을 겸비한 책이라고 할 수 있다.

  인기 있는 상품이나 시선을 사로잡는 창작물을 만드는 것은 분명히 어렵다. 그러나 좋은 컨셉을 만드는 것은 더 어렵다. 왜냐하면 컨셉은 다른 것과의 차별성과 우위성을 드러내는 자기만의 본질이자 특성이기 때문이다.

  사람들의 마음속에 닻을 내리는 것이 바로 컨셉이다. 물건이나 기능은 그 다음이다. 좋은 컨셉을 잡아내야 좋은 물건이 만들어지는 법이다. 이 책이 처음부터 끝까지 말하고자 하는 것은 바로 이것이다.

양영철

| 차례 |

추천의 말 · 컨셉 사고로 단단히 무장하라 · 5
머리말 · 컨셉 사고는 새로운 가치와 시장을 창출한다 · 9
옮긴이의 말 · 분명한 컨셉은 사람을 매혹한다 · 12

제1장···도대체 컨셉이란 무엇인가

소비자를 유혹하는 것은 상품이 아니라 컨셉이다 · 21
컨셉은 상품과 기업의 운명을 좌우한다 · 29
컨셉 트리는 컨셉의 설계도다 · 34
컨셉 매트릭스는 컨셉의 인큐베이터다 · 39

제2장···컨셉 매트릭스를 이용한 컨셉 개발 단계

요소 정리: 문제의식과 목적의식으로 방향을 설정하라 · 49
고객 관점: 고객이 누릴 경험과 이익을 탐구하라 · 56
본질 숙성: 컨셉을 풍부화하고 가설을 검증하라 · 62
핵심 메시지: 결정적인 한마디를 창조하라 · 69

제3장···기업의 미션과 비전 컨셉

미션과 비전은 기업의 본질이다 · 79
미션 지향적인 기업 vs. 비전 지향적인 기업 · 86
컨셉 트리를 이용한 미션과 비전 정리 · 97
컨셉 매트릭스를 이용한 미션과 비전 창조 · 104

제4장 … **비즈니스 모델의 컨셉**

컨셉이 살아 있는 비즈니스 모델 · 115
컨셉을 통한 사업 혁신 · 123
컨셉 트리를 이용한 사업영역과 비즈니스 모델 평가 · 131
컨셉 매트릭스를 활용한 비즈니스 모델의 컨셉 개발 · 138

제5장 … **전략의 컨셉**

성공하는 기업들의 전략은 명료하다 · 147
전략 시나리오는 곧 컨셉 시나리오다 · 156
컨셉 트리를 이용한 전략 가설 만들기 · 165
컨셉 매트릭스로 전략을 수립하는 방법 · 174

제6장 … **히트 상품을 만드는 컨셉**

히트 상품을 낳는 컨셉의 공통 원리 · 183
상품명은 컨셉 그 자체다 · 197
컨셉 트리를 이용한 상품 컨셉의 틀 짜기 · 208
컨셉 매트릭스를 이용한 상품 컨셉 만들기 · 219

제7장 … **광고의 컨셉**

상품의 컨셉이 분명해야 광고 컨셉도 명확하다 · 227
히트 상품을 낳는 광고 컨셉의 공통점 · 235
컨셉 트리를 이용한 광고 컨셉 분석 · 249
컨셉 매트릭스를 이용한 광고 컨셉 만들기 · 257

제1장
도대체 컨셉이란 무엇인가

소비자를 유혹하는 것은 상품이 아니라 컨셉이다
컨셉은 상품과 기업의 운명을 좌우한다
컨셉 트리: 컨셉의 설계도
컨셉 매트릭스: 컨셉의 인큐베이터

컨셉 잡기
····

소비자를 유혹하는 것은
상품이 아니라 컨셉이다

∷ 컨셉은 본질이다

우리는 일상생활에서 '컨셉'이라는 단어를 자주 사용한다. 경영 전략을 수립할 때, 상품을 개발할 때, 마케팅 전략을 세울 때 컨셉은 어김없이 등장한다. 실제로 컨셉은 전략, 비전, 상품, 광고, 마케팅, 포지셔닝, 차별화 등 기업의 모든 것을 좌우한다. 이제 비즈니스 현장에서 컨셉을 빼놓고는 아무것도 할 수 없을 만큼 컨셉은 중요한 기술이 되었다. 그렇다면 우리가 이렇게 일상적으로 사용하는 컨셉의 진정한 의미는 도대체 무엇일까?

컨셉의 사전적 정의는 '개념'이다. 그렇다면 컨셉은 단순한 개념에 불과한 것일까? 결론부터 말하자면, 그렇지 않다. 컨셉은 개념이 아니다. 컨셉은 본질이며 특징이다.

대형 완구업체인 다카라Takara의 히트 상품, '이카라e-kara'의 상품 개발과 마케팅 전략 사례를 통해 컨셉이란 무엇인지를 생각해 보자.

이카라는 TV에 연결해서 언제 어디서든 노래를 부를 수 있는 마이크 모양의 노래방 세트로, 'e-가라오케' 라는 뜻이다. 이 상품의 개념은 '다중 음성, 목소리 변환, 음정의 높낮이 조절, 빠르기 조절 등 다양한 기능을 가진 다기능 휴대 노래방' 이다. 여기에 100V 전원, 중량, 크기 등 상품에 대한 구체적인 항목이 추가될 것이다.

그렇다면 이 상품의 컨셉은 무엇일까? 광고에 의하면 이카라의 특징은 TV에 연결하여 언제 어디서나 노래를 부를 수 있다는 것이다. 그리고 광고 모델은 인기 절정의 가수 모닝무스메Morning Musume다. 모닝무스메는 여러 명의 귀여운 소녀들로 구성된 일본의 아이돌 스타다. R&B에서 랩까지 소화하는 압도적인 가창력 때문에 멤버가 자주 바뀜에도 불구하고 높은 인기를 구가하고 있다. 누구든지 이카라를 보면 모닝무스메를 떠올린다. 이것이 바로 이카라의 컨셉이다.

실제로 이카라의 상품 개발 담당자는 사장에게 '이카라의 이미지에는 모닝무스메가 가장 잘 어울린다' 며 '사장이 직접 나서서라도 반드시 모닝무스메를 광고 모델로 섭외해 달라' 고 요청했다고 한다. 그리고 사장은 바로 모닝무스메의 사무실에 전화를 걸어 그들을 섭외했다. 컨셉이 단지 개념에 불과하다면 이러한 과정은 결코 이루어질 수 없다.

이카라의 개발자는 상품을 기획할 때부터 '컨셉은 본질이며 특징' 이라는 사실을 잘 알고 있었다(그림 1-1). 그래서 그는 '이카라

그림 1-1 **이카라와 모닝무스메**

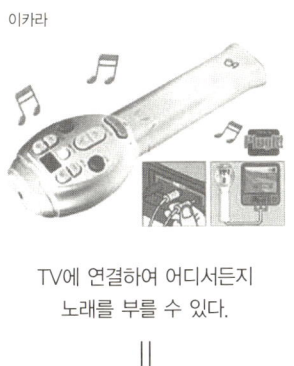

이카라

TV에 연결하여 어디서든지
노래를 부를 수 있다.

=

상품의 본질

모닝무스메

는 곧 모닝무스메'라는 컨셉을 잡고 그들을 섭외한 것이다. 이카라를 보면 상품 개발자의 기획 아이디어와 컨셉을 그대로 느낄 수 있다.

다음의 단어들을 유심히 살펴보라. 몇 곳의 대규모 금융기관 홈페이지에서 규칙처럼 사용되고 있는 말이다.

- 최첨단, 혁신적인, 신뢰, 새로운 시대를 주도하는, 고객과 함께 성장하는, 새로운 시대에 적합한……

또 다른 다음의 단어들은 경영환경이 악화일로를 걷고 있는 종합건설회사들로서 특히 주가가 하락하고 있는 기업 경영자들의 인사말이나 기업 이념 속에서 인용한 것이다.

- 가치창조, 창조의 힘, 풍요로운 인간환경, 신뢰, 인간의 마음을 풍요롭게, 풍요로운 미래, 새로운 가치……

이런 단어들을 접하고 나면 복잡한 기분이 된다. 거품 경제 이전의 고도 경제성장기에 일본 경제를 이끌어 온 금융기관들과 종합건설회사들의 메시지와 유사하기 때문이다.

오늘날, 어느 나라를 막론하고 경영난을 겪고 있는 기업들이 내세우는 핵심 메시지들이 바로 '혁신, 창조, 미래, 최첨단, 고객과 함께 성장' 등의 미사여구다. 이러한 문구에서 차별성을 느낄 수 있는가? 기업의 본질을 발견할 수 있는가? 아니면 아주 작은 특징이나마 찾아볼 수 있는가?

컨셉을 키우지 못한 시장은 바로 금융업과 건설업이다. 이 업계에 있는 회사들은 무엇을 주장하고 있는지 도대체 알 수가 없다. 또한 회사의 본질이 무엇인지도 알 수가 없다. 사원들도 최고경영자의 메시지를 제대로 들으려 하지 않는다. 그렇다면 주주들은 최고경영자의 미사여구에 만족하는 것일까?

한편 같은 업종에서도 활기 찬 기업들이 있는데, 이 기업들의 메시지는 어떤가? 우선은 금융계부터 살펴보자. CRM으로 유명한 스루가スルガ은행의 메시지는 이렇다.

- 은행이란 무엇인가, 개인 금융업무 특화, 은행에 나가지 않아도 되는 온라인 지점, 손바닥 정맥으로 인증하는 보안 시스템, 생활과 비즈니스의 관리……

고객에게 전하고자 하는 메시지가 대형 은행들과는 사뭇 다르다. 스루가은행의 경영자는 일류 호텔의 서비스에 결코 뒤져서는 안된다고 직원들을 격려한다. 게다가 '은행이란 무엇인가?' 라는 질문에서 현대인의 관점에 맞추고자 하는 강한 의지가 엿보인다. 또한 전통적인 마케팅 방식이 지배적인 은행업계에서도 열심히 1:1 마케팅을 도입하고 있다. 미션과 비전을 적극적이고 진심으로 추구하는 자세를 엿볼 수 있다.

건설업계에도 활기찬 기업이 있다. 주택이나 건물을 리모델링하는 리폼 건설업체 페인트하우스 PaintHouse의 메시지는 이렇다.

- 사람이 주택에 맞추는 시대에서 주택을 사람에게 맞추는 시대로, 건설자의 논리에서 주택에서 생활하는 사람의 논리로, 수명 26년짜리 주택에서 50년짜리 주택으로……

이 또한 앞에서 언급한 컨셉이 없는 종합건설회사의 미사여구와는 상당히 다르다. 경영이 쇠퇴하고 있는 기업과 무한 경쟁의 경영 환경 속에서도 승승장구하는 기업의 차이는 이처럼 극명하게 다른 것이다. 이들의 특징은 경영의 근본을 고객에게 두고 있다는 점이다.

그림 1-2 업계·시장의 혁신자

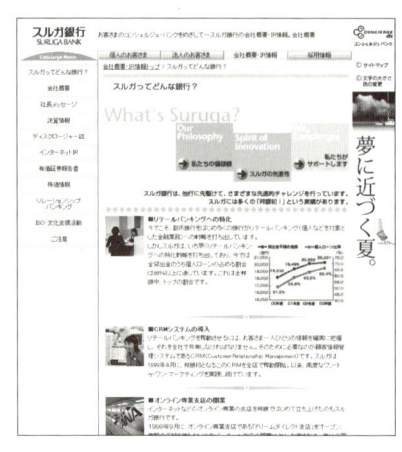

◀ CRM 관리라는 컨셉을 실현한 스루가 은행. 새로운 은행상을 구축하고 있다.

▲ 신축 주택시장의 아성에 리폼 중심의 비즈니스 모델을 성공적으로 전개하고 있는 페인트하우스. 새로운 주택관을 제시하고 있다.

앞의 몇몇 예에서 알 수 있듯이, 컨셉을 단순히 사전적 의미인 '개념'으로만 이해해서는 안 된다. 컨셉은 개념이 아니다. 컨셉은 본질이며 특징이다.

:: 컨셉에 강한 사람 vs. 컨셉에 약한 사람

컨셉이 명확한 사람은 컨셉에 강한 사람이다. 반대로 컨셉이 명확하지 않은 사람은 컨셉에 약한 사람이다 그렇다면 어떤 사람이 컨셉에 강하고, 어떤 사람이 컨셉에 약한가? 대답은 간단하다. 업무 처리를 신속하고 효과적으로 잘하는 사람 중 대다수는 컨셉에 강한 사람이다.

컨셉은 상대적인 개념이다. 말하자면, 타사와 비교하여 특징이 뚜렷한 회사, 타인과 비교하여 색다른 사람은 컨셉에 강하다고 할 수 있다.

컨셉에 있어 '차이'는 대단히 중요하다. 예를 들어 미국인은 일본인 한국인, 중국인을 구별하지 못한다. 그래서 할리우드 영화에는 기모노를 입은 동양인이 중화요리를 배달하거나 닌자 복장을 한 사람이 김치를 먹는 장면이 심심찮게 등장한다.

길 가는 사람을 붙잡고 "네덜란드와 덴마크의 문화적 차이가 무엇인가?" 하고 물어보라. 질문을 받은 사람이 바로 대답할 수 있을까? 또 "핀란드 요리와 스웨덴 요리의 차이점은 무엇인가?"라는 질문에는 어떻게 대답할까? 얼굴 생김새도 마찬가지다. 우리는 콩고인과 케냐인의 차이를 식별해 내기 어렵다. 그러나 위에서 말한 각 질문들을 네덜란드인, 핀란드인, 콩고인에게 물어보면 즉시 대답할 것이다.

이처럼 컨셉은 본질이기도 하지만 차이이기도 하다. 그렇기 때문에 컨셉은 비교할 근거가 필요하다. 다시 말해, 컨셉은 상대적이므로 라이벌의 수준에 따라 컨셉의 예리함이 다르게 평가된다는 것이다.

"변화의 시대에 우리는 고객의 욕구를 충족하기 위해, 더 좋은 상품을 저렴하고 신속하게 제공해야 한다. 이를 위해서는 발 빠른 경영이 요구된다. 시장에서 가치를 창조하고 풍요로운 사회를 만들고자 하는 것이 우리들의 사명이다."

이렇게, 단순히 언어의 나열에 불과한 미션을 만드는 경영자가 회사를 운영한다면, 그 회사는 이미 운명이 다했다고 말할 수 있다. 항상 애매한 컨셉을 가지고 있으며, 목적 없이 에너지를 쏟아붓는 직원들이 가득 찬 기업에서는 이러한 미사여구가 난립한다.

컨셉에 강한 사람은 언제나 타인이나 타사에 기준을 두고 있다. 또 중심축을 시장에 둔다. 중심축이 회사에 있는 사람은 컨셉에 강한 사람이 아니다. 미사여구만 모아 놓고 그것이 전략이라고 생각하는 사람도 컨셉에 강한 사람이 아니다. 그들의 전략은 특징적이지도 않을 뿐더러 본질적이지도 않기 때문이다.

컨셉 잡기
• • • •

컨셉은 상품과
기업의 운명을 좌우한다

:: 컨셉 사고가 없으면 기업은 무너진다

　기업이 무너지는 이유는 전략이 잘못되었기 때문이 아니라 전략이 없었기 때문이다. 한 가지 방향, 동일한 습관, 협소한 인맥 등에서 발생하는 좁은 가치관, 그리고 낡은 법체계 하에서는 시장의 원리가 제대로 발휘되기 어렵다. 시장은 이러한 기업들을 향해 큰 소리로 재편을 요구하고 있는 것이다.
　한편, 오래 전에 자유경쟁 시장에 뛰어든 자동차업계와 전자업계는 컨셉 사고가 시장 경쟁 체제의 핵심이라는 사실을 당연하게 받아들인다.
　도요타Toyota의 비츠Vits가 잘 팔린 이유는 저렴한 소형차였기 때문이다. 그런데 혼다의 피트Fit가 잘 팔린 것은 저렴한 소형차이면서도 더 나아가 차내가 의외로 넓었기 때문이다. 혼다는 연료 탱크를 차체의 중앙으로 옮긴다는 새로운 발상으로 '소형차지만 넓다'는 차별성을 실현한 것이다.

시대가 변했다. 경차가 자동차업체의 운명을 쥐고 있다. 이제 배기량 1,000cc급 경차 시장에 대한 투자는 미래의 자동차산업 시장에서 생존하기 위한 절대 조건이다.

현재 도요타, 혼다는 물론 새롭게 부활한 닛산Nissan까지 주요 자동차회사들이 회사의 사활을 걸고 경차에 많은 경영 자원을 투입하고 있다. 혼다는 주저 없이 '작은 것이 최고다'라는 방향으로 전환했고, 닛산 역시 OEM(Original Equipment Manufacturer: 주문자상표 부착방식. A, B 두 회사가 계약을 맺고 A사가 B사에 자사 상품의 제조를 위탁하여, 그 제품을 A사의 브랜드로 판매하는 생산 방식— 옮긴이) 공급 형태로 경차 생산에 뛰어들었다.

컨셉이 있는 기업은 다르다. 그들은 시대 변화에 신속하게 대응한다. 경차 따위는 자동차가 아니라고 말하는 자동차업체가 미래에도 계속 존속할 수 있을까? 점점 더 작은 것이 성장할 수 있는 기반이 갖추어져 가는 요즘 같은 때에 말이다.

이륜차의 90퍼센트는 50cc 이하의 소형 스쿠터이기 때문에 결코 작게 볼 수 없는 시장을 형성하고 있다. 물론 대형으로 특화할 경우 할리-데이비슨처럼 큰 오토바이도 좋긴 하다. 그러나 혼다나 야마하는 그렇게 해서는 안 된다. 소형 스쿠터를 가볍게 여기면 시장에서 존재 의의를 잃어버리기 때문이다.

혼다는 자사의 오토바이를 불법으로 복제해서 생산하는 중국 업체를 매수했다. 중국에서 저렴한 스쿠터를 만들어 일본에 역수입하기 위해서였다. 야마하도 인도에서 일본으로 역수입을 하기 위해 스쿠터를 만들고 있다. 변화 대응력은 컨셉을 창출하는 능력이기도 하다. 분명한 컨셉이 없는 기업은 변화에 대응할 수 없을 뿐만 아니라 변화를 창출할 수도 없다.

도요타의 조직 컨셉은 '긴장의 끈' 이라고 표현할 수 있다. 일본을 대표하는 기업으로 인정받는 도요타도 항상 위기감으로 긴장하고 있는 것이다. 도요타는 혼다보다 몇 배나 큰 회사지만 작은 회사를 경계한다. 도요타의 경영 방식을 표현한 '도요타 방식' 이라는 컨셉의 본질도 이 '긴장의 끈' 에서 나오는 것이다.

한편 혼다의 조직 컨셉은 '꿈과 기쁨의 유전자로 계층의 사다리를 타파하는 것' 이다. 창업자 혼다 슈이치로다운 발상이다. 혼다는 결코 부하를 칭찬하지 않는다. 한 사람이 2층으로 올라가면 사다리를 치워 버린다. 어찌 보면 냉정해 보이지만, 이런 행동의 바탕에는 개인의 독창성과 자립성을 지지하는 비전이 있다. 창업자의 유전자가 혼다를 지탱하고 있는 것이다.

'천재 집합형' 인 도요타와 '개인 천재형' 인 혼다의 라이벌 전쟁은 두 회사에게 분명한 컨셉의 사고를 요구한다. 전략 경영이라고는 할 수 없지만, 혼다의 독특한 경영 방식에는 틀림없이 컨셉 사고가 가득 차 있는 것 같다.

∷ 컨셉을 모르는 경영자는 물러나야 한다

우리 주변에는 변화를 추구하는 것을 남의 일처럼 말하는 사람들이 있다. 이런 사람들에게는 다음 세대를 맡길 수 없다.

도쿄에서 방영되고 있는 '사랑의 빈곤 탈출 대작전'(매출이 바닥을 치는 음식점 주인이 일류 요리사에게서 고된 훈련을 받고 훌륭한 가게를 다시 연다는 내용의 TV 프로그램—편집자주)이라는 프로그램에 출연하는 빈곤 음식점의 사장들은 컨셉이 무엇인지 잘 모르는 사람들이다. 그런데도 자신의 행동방식과 사고방식만을 고집한다. 그들은 솜씨도, 설득력도 없으면서 단순히 '20년 이상 이렇게 해왔으니까'라고 말할 뿐이다.

"당신의 경영 철학을 한마디로 말해 줄 수 있습니까?"

"음, 그것은……. 그것은 손님을 생각하며 맛있는 요리를 열심히 만드는 것이죠!"

이 대답에는 설득력이나 납득할 만한 근거는 눈을 씻고 찾아봐도 없다. 차별성이나 우위성도 없다. 단지 열심히 할 뿐이라는 것이다. 물론 느낌이나 경험도 중요하다. 그러나 설득력이 없으면 안 된다. 반드시 차별성과 우위성이 있어야 한다.

레인즈인터내셔널의 프랜차이즈 업체인 '규가쿠(철저한 관리로 고품질의 고기를 제공하는 갈비 체인점—옮긴이)'는 광우병 파동이 한창일 때도 가게에 손님이 줄을 이었다. 무엇이 이러한 차별성을 낳은 것일까? 변화를 창출하기 위해 스스로 끊임없이 노력했기 때문이다.

오랫동안 한 길만 걸어왔다는 이유로 언제까지나 그 자리에 서 있어서는 안 된다. 필사적으로 자신만의 본질을 추구하고 특징을 탐구해야 한다.

컨셉 사고를 하지 못 하는 사람, 컨셉을 모르는 사람, 컨셉을 말할 수 없는 사람은 새로운 가치를 창출할 수 없다. 컨셉을 모르는 경영자는 결국 물러나야 한다.

컨셉 잡기
● ● ● ●

컨셉 트리는
컨셉의 설계도다

:: 컨셉 트리란 무엇인가

컨셉은 어떻게 만들어지는가? 어디까지가 컨셉인가? 좋은 컨셉이란 무엇인가? 이에 대해 우리는 '컨셉 트리'와 '컨셉 매트릭스'라는 두 가지 도구를 제시한다.

컨셉은 기업의 미션·비전 컨셉, 비즈니스 모델 컨셉, 전략 컨셉, 상품 개발 컨셉, 광고 컨셉 등 종류가 다양하지만 범위와 목적, 설정 방법은 각각 다르다. 컨셉 트리와 컨셉 매트릭스는 이것들을 가능한 한 동일한 사고방식과 평가 기준으로 전개하기 위해 고안한 도구다.

먼저 컨셉 트리를 살펴보자. 컨셉 트리의 목적은 컨셉 요소를 정리하는 것이다. 즉 컨셉이 어떤 아이디어 요소로 만들어지는지를 나무 모양으로 정리한 것이다. 컨셉 트리의 기본은 로직 트리 logic tree다. 로직 트리는 누락과 중복이 없다. 그러나 컨셉 트리는 다소의 누락이나 중복이 있어도 상관없다.

어쨌든 컨셉 트리는 컨셉의 가설을 체계화하는 데 목적이 있고, 컨셉을 구축하는 전제 조건과 아이디어를 압축하는 데 사용한다. 컨셉 트리는 '누가, 어떤 목적으로, 어디서부터 그려 가는가'에 따라 달라지는데, 크게 5가지 유형으로 분류할 수 있다(그림 1-3). 그림에서 위쪽으로 갈수록 컨셉 사고가 강하고, 아래쪽으로 갈수록 논리적 사고가 강하다.

천재적 개인형은 깔끔하게 정리된 로직 트리를 그리지 않고, 어느 순간 갑자기 '이것이 컨셉이다!' 하고 직감적으로 느끼는 유형이다. 이런 유형은 각 요소가 누락되거나 중복되는 경우도 많고 차원도 제각각이다. 그러나 전체적인 모양은 상당히 역동적이고 예리하며 흥미롭다.

한편 컨설팅회사형은 누락이나 중복 없이 같은 차원으로 빠르게 컨셉 트리를 전개한다. 그러나 좀처럼 완성된 컨셉에 다다르지는 못한다.

정부관료형은 최후까지 컨셉을 잡아내지 못하고 정리만 하다 끝나는 경우가 대부분이다. 물론 모순이나 누락, 중복은 없다.

:: 컨셉 트리의 5가지 유형

컨셉을 완성하는 것은 컨셉 트리가 아니라 컨셉 매트릭스다. 그러나 컨셉 매트릭스를 만들기 전에 우선 컨셉에 일정한 단서를 달고, 필요한 요소나 조건을 정리해 두어야 한다. 따라서 컨셉 트

그림 1-3 컨셉 트리의 5가지 유형

형태	유형	특성	트리의 이미지
A	천재적 개인	• 처음부터 요건을 압축한다. • 근접한 형태에서 갑자기 컨셉을 중단해 버린다.	갑자기 컨셉을 몇 개 만든다.
B	광고대행사	• 요소 정리는 하지만 최초의 단계에서 압축해 나간다. • 정리보다는 이미지와 영감을 중시하는 경향이 있다. • 목표 고객에 대한 요소 정리는 깔끔하게 한다.	(목표 고객) (취향) 요소 정리를 이미지로 전개하여 컨셉화한다.
C	컨셉에 강한 기업	• 요소 정리도 제대로 하고 이미지와 영감도 중시한다. • A, B 형태와 D, E 형태를 종합하는 유형. • 발상의 원점은 고객 이익이다.	(목표 고객) (요소) (분석) (고객 이익) 요소 정리와 상호이익을 중시한다.
D	컨설팅회사	• 요소 정리는 깔끔하게 한다. • 전략 도구, 경영분석 도구를 중시한다. • 이미지와 영감에는 약하다. • 발상의 원점은 고객의 이익인 경우가 많다.	(요소1) (요소2) (분석1) (분석2) (분석3) 요소 정리를 잘한다. 컨셉의 예리함은 조금 약하다.
E	정부관료	• 목적과 목표를 중시한다. • 데이터 수집과 해석이 중심이다. • 분석한 것을 좀처럼 압축하지 못한다. • 본질화, 차별적 우위성에 좀처럼 다가가지 못한다. • 예리한 컨셉이 나오기 어렵다.	(맥락이 잘리는 경향) (압축하기 어렵다) 요소 정리, 데이터 수집, 해석, 절차가 중요해진다.

리의 5가지 유형 중에서 지나치게 직감적인 천재적 개인형이나 취향 중심적인 광고대행사형은 이상적인 컨셉 사고방식이라고 할 수 없다.

예를 들어 컨셉 사고에 강한 천재적 개인형은 시각이 매우 예리하므로 단숨에 컨셉 트리를 만든다. 누락과 중복, 동일한 차원을 피하려는 로직 트리는 개의치 않고 단숨에 전개해 버리는 것이다. 이러한 유형은 히트 상품을 배출할 수는 있다. 그러나 히트 상품을 지속적으로 배출하지는 못한다. 한 번에 승부를 내려는 경향이 많기 때문이다. 이런 사람은 더 많은 요소를 정리하고 보다 논리적으로 분석하는 노력이 필요하다.

컨설팅회사형이나 정부관료형도 바람직하지 않다. 이러한 사고방식으로는 컨셉을 완성하지 못한다. 요건을 정리하는 것만으로는 컨셉을 잡아낼 수 없기 때문이다. 그런 의미에서 논리와 취향의 교차를 목표의 중심으로 생각하는 사고 유형인 '컨셉에 강한 기업형'이 가장 좋은 컨셉 사고방식이라고 할 수 있다.

전략도 마찬가지다. 훌륭한 전략은 단번에 구축되는 것이 아니다. 어느 측면에서 봐도 전략적 사고, 전략적 행동을 취할 수 있는 전략적 경영을 실현해야 한다. 이를 위해서는 천재 전략가 한 명이 아니라 조직 전체가 천재적인 전략을 구사하는 천재 집합형 조직이 되어야 한다. 즉 컨셉 사고를 하는 구조가 만들어져야 하며, 체계적으로 컨셉을 구상하는 팀이 되어야 한다는 말이다.

컨셉은 의지가 수렴된 결과이며 전략, 상품, 비즈니스 모델의 본질이다. 따라서 필요한 요소와 조건을 정리하고 과제를 체계적으로 해결하면서 의지를 압축해 가는 것이 중요하다. 다시 말해, 컨셉 트리란 컨셉의 가설이고, 컨셉의 응축성을 단계적으로 표현하는 지도다.

컨셉 잡기

컨셉 매트릭스는
컨셉의 인큐베이터다

:: 컨셉 매트릭스 4단계

그렇다면 컨셉 트리에서 정리한 컨셉 가설을 어떻게 컨셉으로 완성할 것인가? 바로 컨셉 매트릭스라는 컨셉 개발 프로세스 차트를 통해서다. 이는 다음의 4단계로 나눌 수 있다.

① 요소 정리
② 고객 관점
③ 본질 숙성
④ 핵심 메시지

요소 정리는 컨셉 개발을 위한 각종 요건, 자료, 환경 등을 정리하는 것이다. 자세한 내용은 다음 장에서 소개하기로 하고 여기서는 요약만 해보자. 예를 들어 전략을 세우려면 환경 분석, 전략 분석과 같이 전략을 결정하는 전제조건이 있고, 상품 컨셉을 확정하기 위해서는 가격, 목표 고객, 원재료 등이 필요할 것이다. 이러한 것들을 정리하는 것이 바로 요소 정리 단계다.

고객 관점이란 고객 이익, 상황, 고객의 구체적인 윤곽 등 고객 입장에서 본 고객 만족의 요건, 즉 고객충성도를 가져다 줄 수 있는 요건을 말한다.

본질 숙성은 컨셉을 풍부하게 만드는 것을 의미한다. 다시 말해, 지금까지 압축하고 가설화한 것을 확산 · 전환 · 풍부화하여 선택 사항인 옵션을 정리하는 것이다. 물론 결정하기 전에 반드시 충분히 심사숙고하여 숙성시키고 정교화해야 한다. 컨셉에는 반드시 발효와 숙성이 필요하다.

핵심 메시지란 컨셉 그 자체다. 컨셉은 한 단어로 정리해도 좋고 복수의 단어나 긴 문장으로 표현해도 좋다. 시각적으로 나타내도 좋고 음향, 혹은 향기나 색상으로 표현해도 좋다. 핵심 메시지란 마음과 형태의 본질이다.

:: **컨셉 트리와 컨셉 매트릭스의 사용법**

컨셉 매트릭스는 컨셉 트리로 정리한 각 요건들, 아이디어, 컨셉 가설을 바탕으로 하여 확실한 틀 속에서 컨셉으로 정교화하는 것을 가리킨다. 예를 들어, 레스토랑 사업체인 A사가 새로이 카페를 개설한다고 가정하고 컨셉 트리를 만들어 보자(그림 1-4).

이 경우, 컨셉 트리의 시작은 목표 고객을 설정하는 것이다. 목표 고객의 구체적인 모습을 이미지로 그려 본다. 목표 고객은 20대 초반의 여사무원, 30대 후반의 부부, 40대 초반의 남성 샐러리맨 등 여러 계층으로 나뉠 것이다. 또 최신 유행을 추구하는 개성파, 자기만의 생각과 개성을 가진 나홀로파, 그날그날 맘 편하게 사는 낙관파 등 가치관이나 라이프스타일에 따라 분류할 수도 있을 것이다.

사람들은 보통 '어디에 위치한 어느 카페에서 어떤 식으로 마시고 싶은지'를 먼저 생각한다. 따라서 새 점포를 개설하기 전에는 목표 고객의 가치관과 라이프스타일을 파악하는 것이 중요하다. 일반적으로 마케팅에서 소비자의 가치관과 라이프스타일을 중시하는 이유도 바로 이 때문이다. 또 장소에 이미 컨셉이 숨어 있는 경우도 있다. 그러므로 입지와 목표 고객의 이미지도 카페의 컨셉을 도출하는 데 중요한 요소가 된다.

컨셉 트리의 상위에 있는 것들은 컨셉 매트릭스의 요소에 들어간다. 그러나 전부 들어갈 수는 없다. 컨셉 트리는 가설 그 자체가 아니라 가설을 끌어내기 위한 요소와 아이디어를 나타낸 것이다. 따라서 컨셉 트리를 만들 때에는 여러 가지 가설을 제시하는 것이 좋다. 그리고 나서 컨셉 매트릭스를 통해 가설을 정교하게 좁혀 가면 된다.

그렇다면 컨셉 매트릭스의 각 단계를 차근차근 살펴보자. 먼저 요소 정리는 문제의식과 목적의식으로 구성된다. 다음과 같이 요소를 정리할 수 있다.

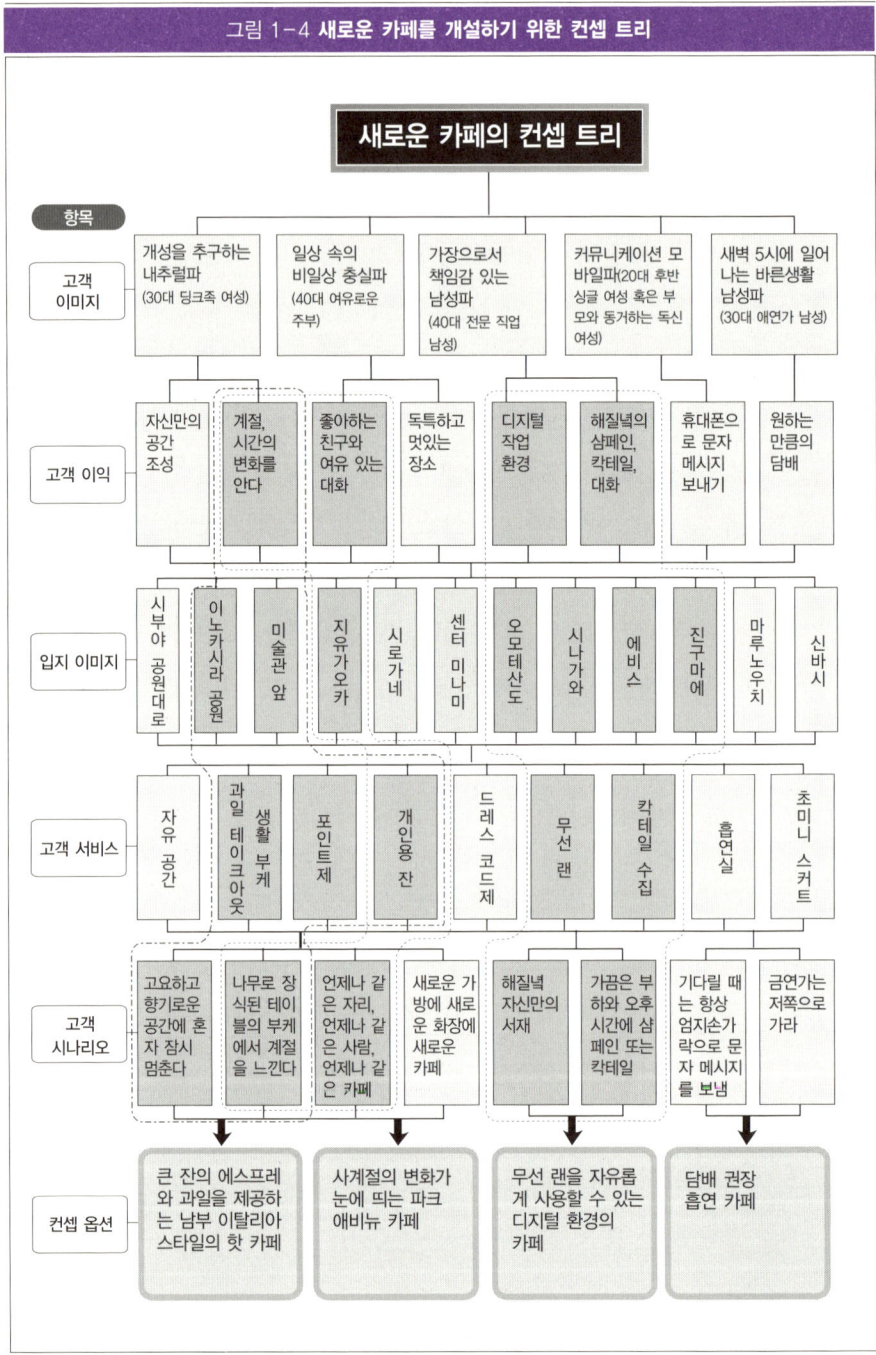

그림 1-4 새로운 카페를 개설하기 위한 컨셉 트리

- 목표 고객의 이미지
- 입지 이미지
- 가격(손님별 단가)
- 대체 메뉴
- 테이크아웃

그리고 각각의 층에서 여러 가지 아이디어를 정리한다. 이렇게 요소 정리가 끝나면, 다음은 목표 고객이 어떤 이익을 얻게 될지, 어떤 고객 서비스를 제공받을 수 있는지를 정리한다. 즉 고객의 편리성, 고객의 이익, 사용법, 체험 등 고객 이익과 고객 상황이라는 관점에서 생각하는 것이다.

예를 들면 '점심식사 후 향이 좋은 에스프레소를 마시며 편안한 시간을 보낸다', '카페에 앉아 있기만 해도 자신이 우아해졌다

그림 1-4의 주

- **시부야 공원대로:** 젊은이의 거리.
- **이노카시라 공원:** 데이트 장소, 기츠요지 메밀국수로 유명. 젊은이의 거리.
- **지유가오카 :** 잡화점, 양복점으로 유명. 소규모의 전문점들이 많고 다양한 먹거리로 유명.
- **시로가네:** 부자동네(한국의 성북동 이미지). 상류층 아줌마 취향.
- **센터 미나미:** 도심에서 다소 떨어져 있지만 공원과 녹지가 많은 쾌적한 환경. 개발이 진행 중인 곳.
- **오모테산도:** 브랜드 숍이나 고급 음식점이 많은 곳. 외관이 수려한 가게들이 많아서 직장여성이나 학생들이 많음.
- **시나가와:** 교통이 편리한 곳. 유명한 호텔과 개성 있는 레스토랑이 많은 곳.
- **에비스:** 먹거리와 영화 관람으로 유명한 곳. 롯폰기(한국의 이태원)로의 접근성이 좋아 다양한 연령층이 모이는 곳.
- **진구마에:** 젊은이의 거리. 이들 취향에 맞는 가게와 소규모 록 공연장이 많은 곳.
- **마루노우치:** 샐러리맨과 직장여성의 거리. 일본 대기업 본사가 많은 곳으로 동경역과 가까움.
- **신바시:** 샐러리맨 취향의 음식점들이 많고, 긴자(패션의 거리)와 가까움.

는 생각이 든다', '사계절의 변화나 시간의 변화를 느낄 수 있다', '카페에 무선 랜이 설치되어 있으므로 노트북을 가지고 가서 마치 사무실에 있는 것처럼 편안하게 업무를 처리할 수 있다' 등 구체적으로 표현한다.

고객 관점이란 한마디로 '고객은 과연 어떤 경험을 하고 싶어 할까', '어떻게 하면 고객충성도를 높일 수 있을까'에 대해 고객의 입장에서 생각하고 다듬는 것이다.

컨셉 트리에도 이러한 고객 관점이 포함되어 있어야 한다. 고객 관점은 컨셉에 상당한 영향을 미치기 때문이다. '컨셉=본질'이라는 개념은 고객 관점에서 발생한다고 해도 과언이 아니다.

다음으로 본질 숙성이란 가설을 검증하고 확장하는 등 컨셉이 풍부해지도록 숙성시키는 것을 가리킨다.

- 풍부화: 반응, 확산, 숙성시킨다.
- 옵션화: 가설을 정교화하고, 선택 사항을 정한다.

이 단계에서 컨셉은 상당한 수준까지 구체화된다. 단, 선택화되어 있기 때문에 그 단면이나 축은 다소 차원이 일치하지 않아도 상관없다. 이 단계는 컨셉 트리에서 마지막 층이 된다. 예를 들면, 다음과 같다.

- 큰 잔에 담긴 에스프레소와 신선한 과일을 제공하는 남부 이탈리아풍의 카페

- 아침에 집에서 나와 오후까지 회사에서 일을 하고 퇴근 후 편히 쉬기 위해 들르는 카페
- 공원 바로 옆에 위치하여 계절이 바뀌는 것을 느낄 수 있는 파크 애비뉴 카페
- 금연 붐 때문에 눈총 받는 흡연자들을 위해, 카페 안에서는 마음껏 담배를 피울 수 있는 흡연 카페

본질 숙성이란 탐구하고 숙성하고, 확산·전환·충돌시키는 방법이기 때문에 충분히 시간을 들여야 한다. 각종 조사를 통해 분석하고 그 결과를 객관적으로 전개하는 것도 이 단계다.

컨셉 매트릭스의 마지막 단계는 핵심 메시지다. 핵심 메시지란 컨셉 자체를 의미한다. 한 단어도 좋고, 문장도 좋다. 문장이 조금 길어도 상관없다. 상품 컨셉의 경우에는 핵심 메시지로 제품의 이름을 정하는 경우도 많다. 광고 컨셉에서 핵심 메시지는 광고 카피로 연결된다. 기업의 전략이라면 전략 타이틀이 된다. 미션이라면 기업이념, 즉 기업의 핵심 메시지가 되는 셈이다.

예로 제시한 카페의 경우 한 단어보다는 '계절이 바뀌는 것을 느낄 수 있습니다. 공원에 인접한 파크 애비뉴 카페!' 등의 서정적인 문장으로 컨셉을 표현하는 것이 더 좋다.

컨셉 트리는 컨셉의 가설 체계를 확립하는 수단이며, 컨셉 매트릭스는 가설을 검증하고 정밀화하는 수단이다. 이 과정에서 '컨셉=본질'이라는 개념은 반드시 부합해야 한다.

끝으로, 컨셉의 평가 기준은 크게 두 가지로 나눌 수 있다. 하나

는 차별성과 우위성이고, 또 하나는 본질 숙성의 정도다.

- 차별성은 있는가? / 우위성은 있는가?
- 본질에 얼마나 가깝게 응축시켰는가? / 진정 본질이라고 불릴 만한가?

다음 장부터는 컨셉 매트릭스를 이용한 컨셉 개발 방법과 구체적인 활용 사례에 대해 살펴보자.

제2장

컨셉 매트릭스를 이용한 컨셉 개발 단계

요소 정리: 문제의식과 목적의식으로 방향을 설정하라
고객 관점: 고객이 누릴 경험과 이익을 탐구하라
본질 숙성: 컨셉을 풍부화하고 가설을 검증하라
핵심 메시지: 결정적인 한마디를 창조하라

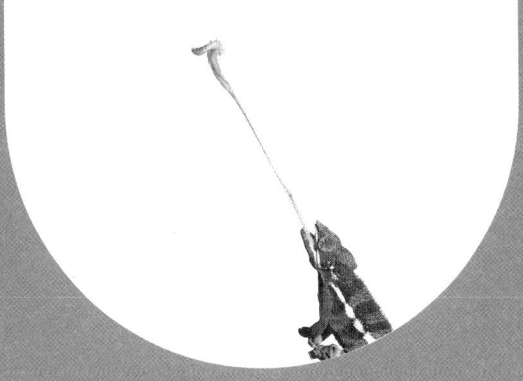

컨셉 잡기
• • • •

요소 정리:
문제의식과 목적의식으로
방향을 설정하라

:: **어떤 관점으로 컨셉 요소를 정리할 것인가?**

1장에서는 컨셉의 정의와 컨셉을 개발하는 전체 과정에 대해 살펴보았다. 그리고 컨셉은 개념이 아니라 의지가 응축된 본질이라는 점을 강조했다. 이제부터는 컨셉의 가설 트리인 컨셉 트리, 그리고 의지와 본질을 부각시키는 도구인 컨셉 매트릭스에 대해 자세히 살펴보기로 하자.

컨셉 트리가 컨셉 요소와 요건을 체계적으로 정리한 설계도라면 컨셉 매트릭스는 컨셉 트리를 바탕으로 컨셉을 압축하는 인큐베이터라고 할 수 있다.

컨셉 매트릭스는 요소 정리, 고객 관점, 본질 숙성, 핵심 메시지 등 네 단계로 구성된다. 각 단계에는 컨셉을 압축하기 위한 여러 가지 관점이 존재한다. 요소 정리 단계에서는 문제의식과 목적의식, 고객 관점에서는 고객 상황과 고객 이익, 본질 숙성에서는 풍

그림 2-1 컨셉 매트릭스의 사용 방법

방법	목표	범주	압축 관점
요소 정리	컨셉 개발을 위한 각종 요소와 의지를 담은 것	문제의식	• 테마를 생각하는 관점은? • 무엇이 중요한가?
		목적의식	• 어떻게 방향을 잡아야 하는가? • '해야 한다, 할 수 있다, 하고 싶다'가 중복되는 부분은?
고객 관점	고객의 관점, 입장에서 제공해야 할 가치를 압축하는 것	고객 상황	• 누가, 누구와, 무엇을? • 어떤 점에 구애받는가?
		고객 이익	• 무슨 일이 일어났는가? 왜 일어났는가? 어떻게 일어났는가? • 어떻게 고객을 끌어들이는가?
본질 숙성	컨셉 요소를 숙성하고 몇 개의 선택 사항을 설정하는 것	풍부화	• 확산 – 펼치고 늘리고 혼합하면? • 전환 – 방향을 바꾸고, 발상을 바꾸면? • 충돌 – 상이한 것이 서로 부딪히면?
		옵션	• 달성하고 싶은 목적과 목표는? • 목표 달성을 위해 요구되는 컨셉 요소는?
핵심 메시지	가설 컨셉 중에서 가장 타당한 것을 선택하고 '결정적인 한마디'를 만드는 것	선택의 평가	• 차별적 우위성, 본질 숙성도로 평가하면? • 최적의 선택은?
		결정된 컨셉의 정밀화	• 선택의 평가에 대한 부정적 요소는? • 실제 컨셉의 전개, 활용을 상정하면?

부화와 옵션이 컨셉을 압축하는 관점이 된다(그림 2-1).

요소 정리 단계에서는 문제의식과 목적의식의 관점에서 모든 여건을 정리하고 좁혀간다. '무엇이 중요한 요소인가'라는 문제의식과 '어떤 컨셉으로 해야 하는가'라는 목적의식으로 컨셉의 방향을 결정하는 것이다.

고객 관점 단계에서는 고객의 상황과 이익이라는 가치를 압축한다. 이 단계를 통해 자기만족적이고 독선적인 컨셉을 도출하는 어리석음을 피할 수 있다.

본질 숙성 단계에서는 압축한 컨셉을 숙성하고 풍부화함으로써 몇 가지 최종 컨셉을 옵션을 통해 선택한다.

그림 2-2 컨셉 매트릭스의 전체 과정

범주		미션·비전	비즈니스 모델	전략	상품 컨셉	광고
요소 정리	문제의식	• 환경 변화 • 주주들의 기대	• 목표 • 기능	• 3C 분석 • SWOT 분석 • 코어 컴피던스 분석	• 목표 • 윤곽	• 기업의 위치 • 상징적 목표
	목적의식	• 존재 의의, 행동이념 • 정량·정성목표 • 사업영역 • 기업이념	• 시장구조의 혁신 • 수익구조의 혁신	• 기업목표/사업목표 • 과제 트리	• 기능	• 광고 목적 • 인지도/침투도 • 이미지 향상
고객 관점	고객 상황	• 기업가치 • 기업홍보	• 상황 • 윤곽	• 목표 세분화 • 시장	• 상황 • 윤곽	• AIDMA/AMTUL • 미디어 믹스
	고객 이익	• 브랜드 • 기업 이미지 • CS/CL	• 이익 • 고객 시나리오 • 요구, 욕구	• 이익 • 최고의 실행	• 이익 • 고객 시나리오 • 요구, 욕구	• 캐릭터 • 탤런트 • 브랜드 • 시각화 • 음향화
본질 숙성	풍부화	• 확산, 전환, 충돌 • 기업 리더의 실수	• 확산, 전환, 충돌 • 창조적 파괴	• 확산, 전환, 충돌 • 전략가의 실수	• 확산, 전환, 충돌 • 목표 고객에 대한 구애	• 확산, 전환, 충돌 • 창조적 파괴
	옵션	• 미션, 비전의 옵션	• 비즈니스 모델 옵션	• 전략 옵션	• 상품 컨셉 옵션	• 광고 옵션
핵심 메시지		• 이념 • 사업 컨셉	• 비즈니스 모델 컨셉	• 기본 전략 • 전략 타이틀	• 상품 컨셉 • 상품명	• 광고 컨셉 • 광고 문구

마지막으로 핵심 메시지 단계에서 '이것을 컨셉으로 정하자'는 의사결정을 한다. 이 단계를 거치면서 쓸데없는 부분은 삭제하고 본질을 압축한다. 가치가 느껴지지 않으면 핵심 메시지, 즉 컨셉이 될 수 없다.

그러면 컨셉 창조를 위한 첫 단계인 요소 정리 단계부터 자세히 살펴보자.

요소 정리 단계의 이해를 돕는 데 딱 맞는 헐리우드 영화가 있다. 브루스 윌리스Bruce Willice가 주연한 '제5원소The 5th Element'는 주인공이 다섯 가지 원소를 하나로 만들어 멸망의 위기에 처한 지구를 구한다는 SF 영화다. 주인공은 네 가지 원소인 '불, 물, 바람, 흙'은 찾아냈지만 다섯 번째 원소가 무엇인지 알 수 없었다. '마지막 원소는 무엇인가? 지구는 이제 멸망하는 것인가?' 하며 절망하던 중에 우연히 한 소녀에게서 '사랑'이라는 원소를 발견함으로써 지구는 평화를 되찾는다.

이 영화의 예에서 알 수 있듯이 요소 정리 단계는 요소를 분석하고 설정하는 단계다. 즉, 컨셉까지 승화시키는 가설을 정리하는 입구라고 할 수 있다. 좀더 실제적인 예를 들어 보자.

자연계에는 92종의 원소가 있다. 더 세세하게 분류하면 1,032종에 이른다. 원소는 양자와 중성자로 구성되어 있다. 그렇다면 인체는 어떤 원소로 이루어져 있는가? 대략 36종의 원소로 구성되어 있다. 주성분은 산소, 탄소, 수소, 질소, 칼슘, 인이다. 분석화학에서는 1퍼센트 이상인 것을 주성분, 1~0.01퍼센트를 소량 성분, 그 이하를 미량 성분이라 부른다.

컨셉 트리의 목적은 컨셉의 원소, 즉 요소를 정리하는 것이다. 다시 말하면 92종의 모든 원소를 컨셉 요소로서 다듬고 정리하는 것이다.

한편, 컨셉 매트릭스는 그 중 주성분만 추출하여 압축한다. 인체에 비유하면, 소량 성분인 나트륨이나 미량 성분인 알루미늄은 제외시키는 것이다. 지구를 구성하는 모든 원소가 아니라 지구를 구하기 위한 원소만 골라내는 것이고, 인체를 구성하는 모든 성분이 아니라 주성분만 추출하는 것이다. 그 핵심에는 컨셉 사고가 있다.

컨셉 사고는 인류를 바라보는 신神의 관점이며 인간을 물질로 보는 과학의 관점이다.

:: 요소 정리는 문제의식과 목적의식을 명확하게 한다

요소 정리는 문제의식과 목적의식이라는 두 가지 범주로 분류할 수 있다. 의식이란 '스스로 이해할 수 있는 마음의 움직임'이다. 즉, '현재 어떤 상황인가? 나는 무엇을 하고 있는가? 그것은 어떤 의미가 있는가?' 하는 것이다. 예리한 컨셉 사고는 문제와 목적이 무엇인지 파악하기 위해 스스로 노력하는 의지에서 생겨난다.

문제의식이란 '상자에 무엇을 넣는가' 하는 '인풋input'에 초점을 맞추는 것이다. 문제의식의 범주에 들어가는 것은 다음과 같이 정리할 수 있다.

- 일상적인 정보수집: 신문, 잡지, 책, 인터넷 등을 통해 항상 정보를 수집한다. 정보의 양과 연속성 없이는 문제의식의 질을 향상시킬 수 없다.
- 정보 검색을 위한 지침: 인터넷 검색 엔진처럼, 두뇌 속에 강력한 검색 엔진을 갖추고 검색 기능으로 다방면의 정보를 통괄한다.
- 숫자나 데이터를 파악하는 것: 변화의 크기와 속도를 정량적, 객관적으로 파악한다. 이것이 없으면 문제의 규모를 파악할 수 없다.

- 문제의식을 교환하는 것: 타인의 문제의식을 이해하고, 자신의 문제의식을 전달해 서로의 문제의식을 고취한다. 문제의식의 범주에 들어 있는 요소로는 환경 분석, 목표, 기능, 기대치, 기대와 현상의 괴리 등을 들 수 있다.

한편, 목적의식은 '상자에서 무엇을 꺼낼 것인가' 하는 '아웃풋 output'에 초점을 맞추는 것이다. '문제가 무엇인지 파악했다면 그 다음은 어떻게 해야 하는가' 하는 방향을 설정하는 것이 바로 목적의식이다.

- '해야 할 것'을 정리한다: 기업은 장기 불황, 저가 수입상품 공세, 경쟁사의 가격파괴 등 변화무쌍한 시장 상황에 대응해야 한다. 해야 할 일이 무엇인지 모르면 남보다 뒤처지거나 탈락할 수밖에 없다.
- '할 수 있는 것'을 정리한다: 기업의 규모나 경영 능력에 따라 대응할 수 있는 문제의 폭과 깊이는 차이가 나게 마련이다. 우리 회사는 무엇에 대하여 어디까지 대응할 수 있는지 확인해야 한다.
- '하고 싶은 것'을 정리한다: '나는 어떻게 하고 싶은가', '기업의 이념은 무엇인가' 등의 고민은 기업의 특징과 개성, 차별성을 만든다. 다른 기업이나 제품과 차이가 없다면 시장과 고객에게서 호응을 얻을 수 없다.
- '해야 하는 것, 할 수 있는 것, 하고 싶은 것' 중 중복이 되는 부분

에 주목한다: 중복되는 부분은 '어떻게 해야 하는가' 라는 질문에 대한 해답이다. 이 중 어디에 중점을 두느냐에 따라 방향은 달라진다.

목적의식의 범주에 들어가는 요소로는 존재 의의, 정량, 일정 목표, 시장 구조의 혁신, 이미지 향상 등을 들 수 있다. 문제의식과 목적의식의 범주로 분류되는 요소는 미션·비전, 전략, 비즈니스 모델, 상품 개발, 광고 제작 등 용도에 따라 각각 다른 방향으로 발전한다.

컨셉 잡기
● ● ● ●

고객 관점:
고객이 누릴 경험과 이익을
탐구하라

:: 고객의 관점에서 생각하라

요소 정리가 끝났다면 다음으로는 고객 관점을 정리해야 한다. 그렇다면 고객 관점이란 무엇인가?

호텔에 묵는 고객이 프론트에 내선 전화를 걸면 프론트 직원은 당연히 "네, 프론트입니다" 하고 대답할 것이다. 그러나 "네, ○○씨, 무엇을 도와드릴까요?" 하고 대답하면 어떨까? 그러면 고객은 좀더 편하게 용건을 말할 수 있을 것이다. "××호실의 ○○입니다" 하고 굳이 이름을 댈 필요도 없다.

레스토랑에서 저녁식사를 끝낸 다음 계산을 할 때 카운터의 점원이 밝은 모습으로 "감사합니다" 하고 인사를 한다면, 단지 '맛있었던 저녁식사'가 '즐거웠던 저녁식사'로 변할 것이다. 미소는 에너지를 발산시키고 다른 사람을 행복하게 만든다.

'최고의 입지, 최고의 요리, 최고의 설비가 조화를 이룬 또 하나의 우리 집'이라는 컨셉을 지향하는 리츠칼튼Ritz-Carlton 호텔의 경우를 살펴보자. 리츠칼튼 호텔은 고객이 두 번째 방문했을 때 '○○씨, 다녀오셨습니까?'라고 손으로 직접 쓴 카드를 책상에 붙여 놓는다고 한다. 카드를 본 고객은 실제로는 호텔을 방문한 것에 불과하지만 '내 집에 돌아온 것 같다'는 포근한 기분을 느낀다. 도시 호텔의 객실 평균 가동률이 20퍼센트 정도인데 비해 리츠칼튼 호텔의 객실 가동률이 항상 30퍼센트 이상인 이유는 이러한 고객 만족 서비스 때문이 아닐까?

고객을 만족시키는 기본 요건이자 고객충성도를 높이는 열쇠는 바로 고객의 관점에서 생각하는 것이다. 또 고객 관점의 본질은 고객 스스로 '내가 소중하게 대우 받는구나'라고 느끼게 하는 것이다.

리츠칼튼 호텔은 '럭셔리 호텔'이라는 범주를 만들어냈다. 리츠칼튼 호텔을 방문한 고객은 '주인이 직접 개인적인 서비스를 제공한다'는 느낌을 받는다. 전망 좋은 스카이라운지의 금연실, 고객이 말하기 전에 준비된 서비스는 '과연 럭셔리 호텔'이라는 생각이 들 정도로 놀랍다. 고객의 기대를 넘어 즐거움까지 제공하는 이러한 경험은 고객에게 리츠칼튼 호텔에 대한 신비로움을 느끼게 한다. 이는 '즐길 수 있는 서비스'라는 본질을 추구한 데서 비롯된 것이다.

고객 관점은 고객 상황과 고객 이익이라는 두 가지 범주로 정리할 수 있다. 먼저 고객 상황은 '누가, 무엇을, 어떻게 하는가'를 묘사하는 것이다. 고객 상황을 파악하려면 고객과 만나는 장면을 상상해 보라. 그러면 현지, 현물, 현장에 대한 의미가 더 커진다. 예를 들면 '현재 서비스가 적절하지 않으므로 방을 바꾸겠습니다'라든지 '불충분한 사항이 있으므로 방을 바꿔주실 수 있습니까?'라는 어처구니없는 말을 하는 호텔도 있다. 그렇지만 리츠칼튼 호텔은 독특한 서비스로 고객에게 최고의 서비스를 제공하기 위해 노력한다.

두 번째로 고객 이익은 '무엇이, 어떻게, 왜 일어났는가' 하는 관점에서 정리해야 한다. 우리 회사가 제공하는 서비스가 다른 회사에서도 누릴 수 있는 서비스라면 고객의 입장에서 우리 회사를 선택하는 기준은 오직 가격밖에 없다. 그러므로 타사가 제공할 수 없는 독자적인 서비스로 승부해야 한다. 이것이 차별적 우위성을 낳는 비결이다.

다음은 K항공사와 사우스웨스트항공의 예다. 고객의 상황과 그에 대해 각 항공사가 대응하는 내용을 비교해 보라. 어느 쪽이 진정한 고객 만족 서비스인지 알 수 있을 것이다. 먼저 K항공사에서의 고객 경험 사례다.

- 고객 상황: 떨어져 살고 있는 부모님께 국내여행 항공권을 선물하고 싶다. 내가 이용하려는 K항공사는 인터넷을 통해 특별 할인상품을 판매하고 있어 신속·저렴하고 편리하게 티켓을 예매할 수 있다. 결제도 신용카드로 바로 할 수 있고 이용 방법에 대해 전화로도 문의할 수 있다.
- K항공사: "인터넷을 통한 상품 구매는 본인에 한합니다. 대리

인을 통해 구매하기를 원하는 경우가 많기는 하지만 시스템
상 어쩔 수 없습니다."

- **고객 상황**: 가방이 조금 크다. 맡기면 시간이 걸리고 해외 공항에서 분실하는 경우도 많다. 기내에 가지고 들어갈 수 있는지 확인하고 싶다.
- **체크인 카운터**: "짐은 하나뿐입니까? 그 정도 크기의 가방이라면 가져가셔도 괜찮습니다."
- **탑승게이트 카운터**: "손님, 그 가방은 중량 초과이므로 가지고 들어갈 수 없습니다. 화물실에 맡기셔야 합니다. 체크인 카운터에서는 괜찮다고 했다지만 그쪽과 저희는 다른 회사라서 곤란합니다."

이번에는 고객만족도가 높은 사우스웨스트항공의 경우를 살펴보자. 사우스웨스트항공의 창업자이자 CEO였던 허브 켈러허Herb Kelleher는 고객이 느끼는 만족감을 '기분 좋은 음악을 듣는 듯하다'라고 표현했다. 고객이 느끼는 행복감을 기분 좋은 음악이라고 생각하는 CEO는 컨셉이 뛰어난 사람이다. 이러한 기업은 고객만족도가 높다. 다음과 같은 고객 대응이 준비되지 않은 기업이라면 고객 관점에서의 컨셉 사고를 배우길 바란다.

- **고객 상황**: 이번 크리스마스에는 아내와 함께, 딸과 손녀가 살고 있는 오클랜드에 갈 예정이었다. 그런데 출발하기 직전에 암을 앓고 있던 아내의 상태가 악화되었다. 딸과 손녀를 오게

할 수 있는 방법을 고민하다가 사우스웨스트항공 복지부에 전화를 걸었다.

- 항공 복지부: "예, 사우스웨스트 항공 복지부입니다. 무엇을 도와드릴까요? 무엇이든 말씀하십시오. 아, 그렇습니까? 부인께서 힘드시겠군요. 소중한 크리스마스인데 참 곤란하게 되셨네요. 저희가 추가 요금 없이 티켓을 재발행해 드리겠습니다."
- 고객 상황: 일주일 동안 여행을 간다. 애완용 거북이를 혼자 남겨 두고 갈 수 없어 데리고 가기로 했다.
- 탑승 카운터: "할머니, 거북이는 비행기에 태울 수 없습니다. 대신 거북이는 소동을 일으키지 않으니까 제가 일주일 동안 거북이를 돌볼게요. 먹이는 어떻게 주어야 하나요?"

"시스템상 불가능합니다", "다른 회사라서 곤란합니다"라는 말과 "무엇을 도와드릴까요? 무엇이든 말씀하십시오. 조치를 취하겠습니다"라는 말은 완전히 다르다. 앞에서 소개한 K항공사도 고객 만족 평가에서는 톱클래스에 속하는 기업이다. 그러나 인터넷으로 구입한 티켓을 다음 날 취소할 경우에 해약 부담금을 듬뿍 받아 챙기는 등 '이 정도의 서비스만 제공한다'는 한계를 뚜렷이 보여주고 있다.

그러나 사우스웨스트항공에서는 그러한 한계를 인정하지 않는다. 이 항공사는 어떻게 이러한 고객 만족 서비스를 제공할 수 있는 것일까? 컨셉 사고의 관점에서 살펴보자.

- 서비스에 대한 사명감을 분명하게 공유하고 있다.
- 현장 직원에게 권한을 위임하여 일선의 판단과 행동을 중시한다.
- 경영자에서 현장 직원까지 고객과 만나는 모든 직원이 하나가 되어 고객 만족 서비스를 제공한다.

컨셉 사고를 하지 않는 항공사는 오로지 현장에서의 고객 서비스만 관리하려고 애쓴다. 고객 만족 평가는 기내 서비스에 대한 비중이 높기 때문이다. 원래 모든 고객과의 접점, 즉 고객 경험은 관리가 불가능하다. 그러나 고객은 단순히 담당자만 보고 평가하지 않으며, 기업과의 접점에서 얻는 모든 경험을 통해 그 회사 전체의 서비스를 평가한다. 한 치의 빈틈도 보이지 않는 사우스웨스트항공의 컨셉 사고와 고객 경험을 통해 교훈을 얻어야 한다.

컨셉 잡기
• • • •

본질 숙성:
컨셉을 풍부화하고
가설을 검증하라

:: 본질을 숙성시켜 컨셉의 가치를 높여라

컨셉 개발의 세 번째 단계는 본질 숙성이다. 본질 숙성이란 시간과 가치의 개념을 응축하고 숙성하는 것을 가리킨다. 본질 숙성은 전 단계에서의 탐구를 바탕으로 한다. 일정한 탐구를 기반으로 숙성하는 것이 본질 숙성의 사고법이다.

스스로 탐구하여 본질 숙성의 성城에 도달한 나가시마 시게오長嶋茂雄와 본질 숙성의 성에 도달하지 못했다는 이유로 국민영예상을 거절한 스즈키 이치로鈴木一朗의 경우를 살펴보자.

명타자로 은퇴해 자이언츠의 감독까지 맡은 나가시마 시게오는 일본 야구계에서 '살아 있는 전설'로 불린다. 나가시마 시게오가 호텔에서 체크인할 때 직업란에 뭐라고 썼을까? 자이언츠 감독? 프로야구 선수? 나가시마 시게오는 '나가시마 시게오'라고 썼다고 한다. 직업란에 자기 이름을 쓴 것이다.

나가시마 시게오는 '보는 야구, 매혹적인 야구'를 추구했다. 헛스윙 삼진은 타자뿐만 아니라 관객의 기대도 꺾이게 만든다. 그러나 나가시마 시게오는 그런 삼진조차 매혹적인 삼진으로 만들어 버린다. 스윙과 함께 몸을 크게 비틀고, 헬멧은 벗겨져 허공을 가른다. 말 그대로 끝까지 보여주는 것이다. 이는 미국의 대타자인 조 디마지오 Joe Dimaggio의 스윙을 모델로 한 것이다. 헬멧도 벗겨지기 쉽게 한 치수 큰 것을 쓴다. 나가시마 시게오의 이러한 행동은 사고의 응축이라고 할 수 있다.

스즈키 이치로는 어떠한가? 고교 졸업 후 1992년 일본 프로야구 오릭스에 입단한 이치로는 1994년부터 1군의 주전 선수가 됐으며 1994~1996년 MVP, 1994~2000년까지 골든 글러브 영예를 안았다. 미국 진출 첫 해인 2001년에는 아메리칸리그 신인왕 겸 MVP를 거머쥐기도 했다.

스즈키 이치로의 본질 숙성은 '눈앞의 결과를 추구하지 않는다, 소년처럼 야구를 즐긴다, 최초이자 최고에 도전한다, 가르침을 받기보다 스스로 배운다, 항상 목표를 향해 나아간다, 연습을 게을리 하지 않는다'는 것이다. 그의 힘은 메이저리그급에는 미치지 못했지만 본질을 탐구하고 자신만의 방식을 연마한 결과, 경이로운 성과를 이루어냈다.

이처럼 컨셉 사고가 없으면 본질 숙성도 없다. 탐구를 통해 본질 숙성에 도달했던 나가시마 시게오, 엄격한 자기 관리와 지속적인 본질 탐구를 추구한 스즈키 이치로는 본질 숙성이 삶의 방식에 어떤 영향을 미치는지를 보여주는 좋은 사례다.

:: 컨셉을 풍부화하는 법

본질 숙성은 풍부화와 옵션이라는 두 가지의 범주로 분류할 수 있다. 먼저 풍부화는 탐구 끝에 많은 시간을 들여 숙성시키는 것으로 컨셉의 가치를 높이는 사고법이다. 이는 '열심히 생각하며 기다리다 보면 나중에는 생각나게 된다'는 단순한 사고법이 아니다. 몇 가지 사례를 통해 풍부화의 노하우를 탐구해 보자.

산토리의 '뉴올드'

'사랑은 먼 옛날의 불꽃놀이가 아니다.'

위스키 제조회사 산토리Suntory에서 출시한 위스키 뉴올드의 TV 광고 카피다. 카피라이터는 이 카피를 쓸 때, 고등학교 때 본 불꽃놀이에 대한 강렬한 인상과 대학교 1학년 때 읽은 '사람은 불꽃보다 더 멀리 있더라'

산토리의 위스키 '뉴올드' 광고.

는 시에서 착안했다고 한다. 그는 '40대 남성들은 어떤 기분으로 술을 마실까? 어떤 말을 들으면 좋아할까?' 하고 생각하던 끝에 이 카피를 떠올리게 된 것이다.

혼다의 '시티'

이번에는 1978년에 출시된 혼다의 컨셉카, 시티City 개발팀의 사례를 살펴보자.

시티 개발팀은 '모험을 하자'라는 경영자의 슬로건 아래 컨셉카 개발에 착수했다. 아무런 제한도, 제약도 없었다. 모든 개발 과정은 오로지 모험이었다.

혼다의 시티는 '자동차가 생명체라면 어떠한 형태로 진화할 것인가'라는 컨셉을 갖고 있다.

개발팀은 시빅Civic이나 어코드Accord가 흔한 차종이 되었다는 사실과 좋은 자동차에 대한 기존의 생각에 얽매이지 않는 젊은층이 증가하고 있다는 현상에 주목했다. 그리고 자사의 기존 모델과 근본적으로 다른 컨셉을 만들어내는 것이 자신들의 임무라고 생각했다.

그리고 팀장을 중심으로 한 풍부화가 시작되었다. 팀장의 조언에 따라 '자동차 진화론, 인간-극대Man-Maximum, 기계-최소Machine-Minimum' 등을 슬로건으로 내세웠다. 그리고 "'디트로이트 이론'에 입각한 길고 낮은 승용차에서 벗어나자"라는 디자인 컨셉을 추구했다. '디트로이트 이론'이란 자동차의 디자인적 미려함을 추구하기 위해 내부의 안락함을 포기하는 것을 말한다. 이것을 탈피하면 차체는 짧고 높아지지만 내부공간은 넓어지게 된다. 컨셉카 시티는 이렇게 탄생되었다.

GE연구소

풍부화의 조직 사례로는 GE를 들 수 있다. GE의 창설자 중 한 사람은 발명왕 에디슨이다. 그렇다면 에디슨의 최고 작품은 무엇일까? 전신기? 전화? 축음기? 아니다. 개인의 발명은 최고의 작품이라고 할 수 없다. 아이디어를 만들어내는 환경, 즉 연구소에서 만들어진 것이야말로 최고의 작품이다.

각각의 전문가가 가진 전문적인 틀을 넘어 조직화된 프로젝트 체제가 형성될 때 풍부화는 시작된다. 의료기기와 컴퓨터, 가구와 완구 등 전혀 다른 분야의 기업이 함께하는 프로젝트는 각 영역의 전문성을 넘어서 다른 분야를 자극한다. 이렇게 문제의식과 정보가 활발히 교차할 때 풍부화가 실현될 수 있다.

또 하나, 발명에 관한 목표를 설정한다. '쓸모 있는 발명을 열흘에 한 번, 거대 발명을 6개월에 한 번 정도 한다' 등 구체적인 목표량을 정하는 것이다.

풍부화는 '확산·전환·충돌'의 사고법이다.

- 확산: 확장하고 늘리는 것만이 아니라 흩으면서 뒤섞는 것도 확산이다. 그러므로 요소 정리나 고객 관점 등 컨셉 트리에서 제외된 요소가 부활할 수도 있다.
- 전환: 방향을 바꾸는 것으로 가로, 세로, 대각선, 크기 등의 변화를 크게 하거나 작게 하는 것이다.
- 충돌: 다른 것과 서로 맞부딪쳐 에너지로 바꾸는 것이다.

컨셉 사고는 화학반응과 같다. 다양성을 추구하면서 통합되기 때문이다. 환경의 변화, 정보의 변화, 사람 마음의 변화가 화학반응의 기반이 된다. 단순히 말을 바꾸는 것만으로는 화학반응이 일어나지 않는다.

가치 창조는 한순간에 숙성될 수도 있지만 시간이 오래 걸리기도 한다. 기간이 정해져 있는 경우에는 특정한 때에 숙성이 필요할 경우도 있다. 이와 관련해 '확산·전환·충돌'을 각 사례에 적용해 보자.

먼저 앞에서 나온 뉴올드의 경우를 살펴보자. 이 카피의 컨셉은 고등학교 시절 경험한 불꽃놀이와 대학교 때 읽은 시에서 확산, 40대 남성이 술을 마시는 기분을 생각하는 것에서 전환한다. 좋은 것은 기억에 남는 법이다. 이미지나 시각적인 것은 기억에 깊이 각인된다.

혼다 시티의 경우는 '모험을 하자'는 슬로건에서 확산되고, 자동차 진화론 등의 슬로건에서 전환되어 '디트로이트의 이론'에서 벗어난 사고와 충돌하여 탄생한 컨셉이라고 할 수 있다. 이 때 풍부화라는 반응을 일으키기 위한 리더십의 중요성이 대두된다.

GE연구소의 경우에는 '전문성의 틀을 초월한다'는 것이 확산, '다른 분야와의 무한한 정보 교환'이 전환, '전제 없는 문제의식'이 충돌에 해당한다. 다시 말해 컨셉 사고는 확산, 전환, 충돌에 따라 조직적으로 이루어지는 것이다.

:: **옵션으로 가설을 검증하라**

이제 컨셉 설정의 대단원인 옵션 설정에 대해 알아보자.

먼저 달성하고자 하는 목표를 설정한다. 풍부화로 얻어진 다양성, 지향하는 높이, 넓이 등이 목표 설정의 기본이 된다. 둘째, 목표를 실현하기 위한 옵션을 3~5가지 정도 설정한다. 이 때 옵션은 어느 것이든 진정으로 의지를 가지고 실현할 수 있는 것이어야 한다.

옵션을 설정할 때 핵심은 목표와 관련된 시간 축을 명확하게 하는 것이다. 미션과 비전은 비교적 길게 설정한다. '3~5년 후에 우리 회사는 어떤 기업이 되어 있을까?', '어떤 사업을 하고 사회, 시장, 고객에게 어떤 평가를 받고 있을까?', '회사에 모인 사람들은 어떤 생각으로 일하는가?' 등 풍부화에 의한 컨셉 사고에서 구체적인 이미지가 떠오를 수 있도록 목표를 설정한다. 이미지가 명확할수록 실현 가능성이 높아지기 때문이다.

비즈니스 모델과 관련한 전략은 3년 정도를 기준으로 하는 것이 좋다. 그래서 상품 컨셉 광고도 보통 1년에서 길게는 3년을 목표로 설정한다. 미션이나 비전과 마찬가지로 목표도 구체적으로 이미지화할 수 있어야 한다.

컨셉 잡기
● ● ● ●

핵심 메시지:
결정적인 한마디를
창조하라

:: 핵심 메시지란 컨셉 그 자체다

컨셉 매트릭스의 마지막 단계는 핵심 메시지다. 핵심 메시지는 컨셉 그 자체라고 할 수 있다. 핵심 메시지는 사람을 움직이는 결정적인 한마디다.

도쿄의 어느 도지사 선거 때의 일이다. 한 신문기자가 두 명의 입후보자에게 도쿄의 세 가지 자랑거리가 무엇이냐는 질문을 했다. 첫 번째 입후보자는 '황궁, 지하철, 고속도로'라고 말했고, 두 번째 입후보자는 '한조몽半蔵門 부근의 시냇물, 메밀과 뱀장어, 젊고 예쁜 여성'이라고 대답했다. 최종 당선자는 후자인 미노베 료키치였다.

미노베 료키치의 대답에서는 말이 가진 의미를 소중하게 여기는 자세와 핵심 메시지에 대한 본질 숙성을 느낄 수 있다. 말에도 모양과 이미지가 있다. 미노베 료키치는 마치 그림을 보듯이, 음악을 듣듯이 말에 이미지를 담았다. 한마디의 말로 선거의 승부가 결정되어 버린 것이다.

컨셉 사고를 하지 않으면 지도에 나오는 도쿄의 평범한 모습밖에는 말할 수 없다. 컨셉 사고를 해야 풍경, 맛, 아름다움까지도 표현할 수 있다. 핵심 메시지는 사람의 마음을 움직인다. 핵심 메시지를 이끌어내는 사고법은 본질 숙성과 본질 응축의 사고법이다. 이 두 가지 컨셉 사고를 통해 핵심 메시지를 도출할 수 있는 것이다.

:: 말 한마디가 가져온 놀라운 효과

1984년 미국 대통령 선거 때의 일이다. 차기 대통령 후보로 레이건Ronald Reagan과 먼데일Walter Mondale이 경쟁하고 있었는데, 레이건의 약점은 대통령직에 재임하기에는 너무 나이가 들었다는 것이었다. 먼데일은 레이건의 이러한 약점을 건드리기 위해 "대통령은 자신의 나이에 대하여 어떻게 생각하십니까?"라고 질문을 했다. 그러자 레이건은 당당하게 이렇게 말했다. "나는 이번 선거에서 연령에 대해서는 문제 삼지 않겠습니다. 당신이 너무 젊어서 경험이 없다는 것을 정치적인 목적으로 이용하지 않겠다는 뜻입니다."

이 재치 있는 코멘트가 레이건의 당선에 큰 역할을 했다는 것은 두말할 나위도 없다. 본질은 연령이 아니라 정치적인 수완이었던 것이다. 레이건은 자신의 약점을 강점으로 바꾸어 효과적인 성과를 얻어냈다.

본질 숙성은 간단하게 얻어낼 수 있는 것이 아니다. 그러나 방법을 배우고 계속 사용하다 보면 본질 숙성에 다다를 수 있다. 먼저 '본질은 무엇인가'라는 질문을 10회 정도 되풀이하고, 본질이라는 단어를 하루에 10회 이상 계속 되뇌어 보라. 이렇게 하루에 10회 이상 자문자답을 하면 본질을 숙성시킬 수 있다. 물론 모든 사람이 본질 숙성이라는 성과를 얻어낼 수는 없다. 그러나 본질 숙성의 가능성을 높일 수는 있다.

:: **본질을 응축하여 핵심 메시지로 만든다**

본질은 진수眞髓다. 본질은 사물이나 정신의 중심에 있다. 이는 본질 숙성의 맨 끝에 있는 것으로 매우 깊은 의미를 갖고 있다. 만약 미션과 비전이라면 이념이나 사업의 컨셉에 해당한다. 비즈니스 모델이라면 컨셉이라고 할 수 있다. 전략이라면 기본 전략에 해당하며, 상품에서는 컨셉과 상징을 지닌 상품명이라고 할 수 있을 것이다. 광고에서는 광고 카피가 된다.

그렇다면 핵심 메시지를 만드는 방법을 알아보자.

① 컨셉을 평가한다: 핵심 메시지는 본질 숙성에서 도출된 옵션에서 선택한다. 차별적 우위성과 본질 숙성도라는 두 가지 항목으로 3~4가지 옵션을 평가한다. 이를 기초로 종합평가를 한다(그림 2-3).

그림 2-3 컨셉 평가표

- 다르고 우수한 것만으로는 안된다. 다르면서도 우수한 것을 곱으로 생각해야 한다.
- 훌륭한 문구에 현혹되지 않는 본질 응축이 중요하다.
- 우수한 컨셉은 이해하기 쉽다. '과연' 하고 무릎을 치도록 하는 강력한 힘이 있다.
- ○○컨셉, △△컨셉, ××컨셉과 같이 옵션 타이틀을 넣어도 된다.

체크 항목과 내용		컨셉 옵션		
		옵션A	옵션B	옵션C
차별적 우위성	① 차별성 (차이가 명확한가?)	◎	○	△
	② 우위성 (다른 것보다 우수한가?)	○	◎	×
본질 숙성도	① 본질 응축성 (본질의 핵심이 응축되어 있는가?)	◎	△	○
	② 설득력 (설득할 수 있는 장점이 있는가?)	◎	×	○
컨셉 종합평가		◎	○	△

- 이것으로 선택한다. 여기서는 '우위성'을 높이는 것이 정밀화의 핵심이다.
- 컨셉 표현에 문제가 있다. '본질 응축성'과 '설득력'을 높일 수 있는 가능성이 없으면 이 컨셉은 버린다.
- 컨셉 표현은 좋지만 기본 요건인 '차별성'과 '우위성'이 없는 것이 치명적이다. 훌륭한 문구에 현혹되지 않도록 한다.

'무엇이 좋은가?', '왜 좋은가?', '정밀화의 핵심은 무엇인가?' 등을 생각하면서 평가표를 활용하자!

② 옵션을 결정한다: 손색이 없는 컨셉, 만족할 수 있는 옵션을 선택한다. 평가에서 큰 차이가 나지는 않는다. 이 단계에서 한 가지로 결정하기는 어렵다. 핵심 메시지는 옵션을 결정하는 열쇠가 된다. 이 때 의사결정 능력을 평가받게 된다.
③ 컨셉을 정밀화한다: 먼저 한 가지 컨셉을 선택하고 좀더 다듬은 다음, 평가에 기초하여 낮은 포인트의 항목은 보충한다. 잘 연마된 컨셉으로 완성하려면 전개에서 활용까지 상정해야 한다.

닛산의 외국인 사장 카를로스 곤Carlos Ghosn의 '닛산 혁명' 컨셉을 살펴보자. 닛산은 고루한 관료주의에, 수익을 경시하는 풍조에 찌들고, 현장의 목소리에 귀를 기울이지 않는 적당 체질의 조직이었다. 이러한 닛산에 1999년 카를로스 곤이 최고운영책임자 COO로 취임했다. 당시 도산의 위기에 빠져 있던 닛산은 1조 엔의 비용 절감, 무라야마공장의 폐쇄, 직원 2만 1,000명 구조조정 등을 옵션으로 선택했다. 카를로스 곤은 시간이 흐르면 해결될 것이라는 적당주의적 사고방식을 가진 사람이 아니었다. 그는 완벽한 개혁을 통해 닛산을 멋지게 부활시켰다.

닛산 혁명의 컨셉은 한마디로 '커미트먼트commitment'였다. 커미트먼트는 '약속, 공약'을 의미하지만, 곤은 이 말을 '반드시 달성해야 할 목표 수치'로 정의했다. 예기치 않은 상황이 발생하지 않는 한 반드시 달성해야 할 목표 말이다. 목표 수치에 미달하면 곧 책임을 져야 한다는 의미였다.

그림 2-4 닛산 혁명의 컨셉 체계

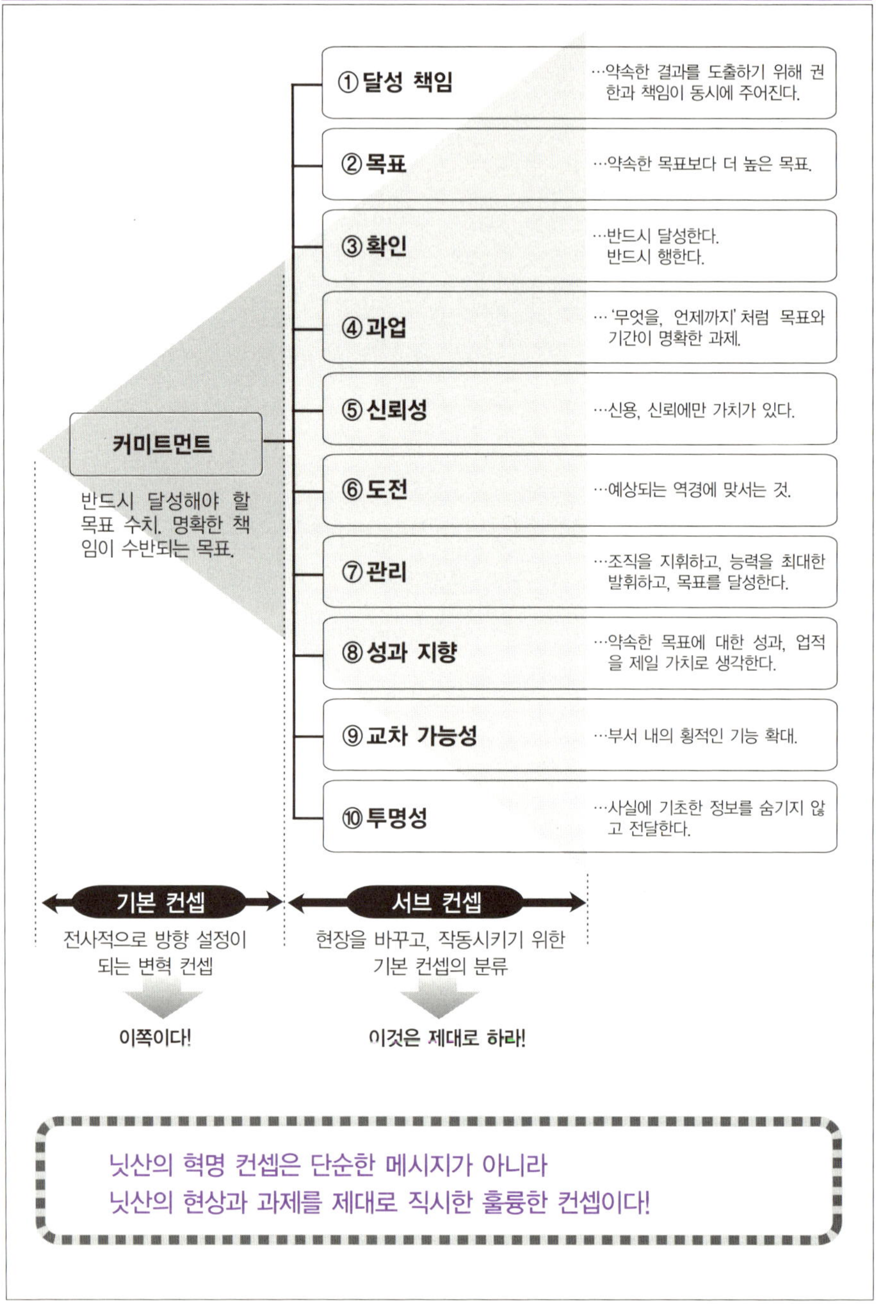

커미트먼트
반드시 달성해야 할 목표 수치. 명확한 책임이 수반되는 목표.

① **달성 책임** …약속한 결과를 도출하기 위해 권한과 책임이 동시에 주어진다.

② **목표** …약속한 목표보다 더 높은 목표.

③ **확인** …반드시 달성한다. 반드시 행한다.

④ **과업** …'무엇을, 언제까지'처럼 목표와 기간이 명확한 과제.

⑤ **신뢰성** …신용, 신뢰에만 가치가 있다.

⑥ **도전** …예상되는 역경에 맞서는 것.

⑦ **관리** …조직을 지휘하고, 능력을 최대한 발휘하고, 목표를 달성한다.

⑧ **성과 지향** …약속한 목표에 대한 성과, 업적을 제일 가치로 생각한다.

⑨ **교차 가능성** …부서 내의 횡적인 기능 확대.

⑩ **투명성** …사실에 기초한 정보를 숨기지 않고 전달한다.

◀ **기본 컨셉** ▶
전사적으로 방향 설정이 되는 변혁 컨셉

⬇ 이쪽이다!

◀ **서브 컨셉** ▶
현장을 바꾸고, 작동시키기 위한 기본 컨셉의 분류

⬇ 이것은 제대로 하라!

닛산의 혁명 컨셉은 단순한 메시지가 아니라
닛산의 현상과 과제를 제대로 직시한 훌륭한 컨셉이다!

그러나 거대 조직은 커미트먼트만으로는 움직이지 않는다. 그래서 곤은 커미트먼트의 컨셉과 동일한 하위 컨셉을 마련하여 직원들에게 제시했다. 이는 컨셉의 전개를 고려한 정밀화로 커미트먼트라는 조직 컨셉을 모두 따르라는 것이었다. 닛산의 사내 용어집에 등장하는 하위 컨셉(키워드)은 10개가 넘는다. 그리고 모든 컨셉들은 명확하게 정의되어 있다. 이것이 닛산 직원들의 행동양식을 바꾸었다(그림 2-4).

물론 어떤 의미에서 보면 명확하고 절도 있는 컨셉으로 인해 잃는 것이 많을 수도 있다. 그러나 강력한 컨셉은 사람을 움직이고, 더 높고 거대한 목표를 이룰 수 있게 한다.

제3장

기업의 미션과 비전 컨셉

미션과 비전은 기업의 본질이다
미션 지향적인 기업 vs. 비전 지향적인 기업
컨셉 트리를 이용한 미션과 비전 정리
컨셉 매트릭스를 이용한 미션과 비전 창조

컨셉 잡기
● ● ● ●

미션과 비전은
기업의 본질이다

:: 본질적인 모습이 성지를 만든다

컨셉은 본질이자 특징이다. 그렇다면 본질과 특징 중에서 어느 쪽이 더 중요한가? 그리고 어느 쪽이 더 우선인가?

바로 본질이다. 물론 이는 상황에 따라 달라질 수 있다. 3장에서는 컨셉을 본질이라는 의미로 규정한다. 반드시 그래야 하는 이유가 있다. 기업의 컨셉은 기업이 전개하는 사업의 본질이다. 따라서 특징 이상의 의미가 있다. 우선 기업의 미션과 비전에 사업의 본질을 구체적으로 담고 있는 두 기업의 사례를 살펴보자.

먼저 방글라데시의 그라민은행은 언뜻 보면 다른 은행과 별다른 차이가 없어 보이지만, 이 은행만큼 본질을 미션에 잘 적용시킨 곳은 찾아보기 힘들다. 소액 대출로 유명한 그라민은행은 매일 전 세계 굴지의 은행 경영자들이 참관을 위해 방문할 만큼 유명하다. 방글라데시 중앙은행은 총 융자 금액 중 35억 달러를 이

은행에 투입했다. 왜 그라민은행에 이토록 많은 돈이 대출된 것일까? 그것은 다른 은행에는 없는 소중한 정신이 살아 있기 때문이다. 바로 은행가가 가지고 있는 '본질'과 '사명', 그리고 은행가가 젊은 날 가슴에 품고 있던 뜨거운 '집념'이다.

은행가 정신에 기반을 두었기 때문에 은행도 거래 실적도 올리고 가난한 방글라데시 사람들의 인생도 바꾼 것이다. 그라민은행의 창립자인 무하마드 유누스Muhammad Yunus 교수는 이러한 융자뿐만 아니라 '그라민 커뮤니케이션즈'를 설립, 가난한 농민들이 스스로 자립할 수 있도록 모든 지원을 해주고 있다. 그라민은행의 존재 의의는 '가난한 사람들을 위한 은행Banking for the poor'이다. 무하마드 유누스는 '빈곤 없는 세상을 목표로 싸우는 은행가'인 것이다.

미션을 멋지게 구체화한 두 번째 기업은 바로 세계 최대 기업으로 약진하고 있는 월마트다. 요즘은 동네 슈퍼마켓에서도 '매일 최저가격(EDLP: Every Day Low Price)'이라는 메시지를 볼 수 있지만 이 개념은 월마트에서부터 시작된 것이다.

월마트는 세일을 하지 않는다. 매일 최저가로 상품을 공급하기 때문이다. 그리고 지금도 최저가격을 실현해 나가기 위해 계속 변하고 있다. 그런 월마트가 미션을 구체화하는 것은 당연한 일이다. 이것이야말로 본질이 응축되어 있는 메시지인 것이다.

〔그림 3-1〕은 월마트의 창업자 샘 월튼Sam Walton의 자서전 『메이드 인 아메리카Made in America』에 소개된 '비즈니스 구축 10계명'이다. 월마트의 사훈인 10계명은 분명한 미션이 반영된 행동

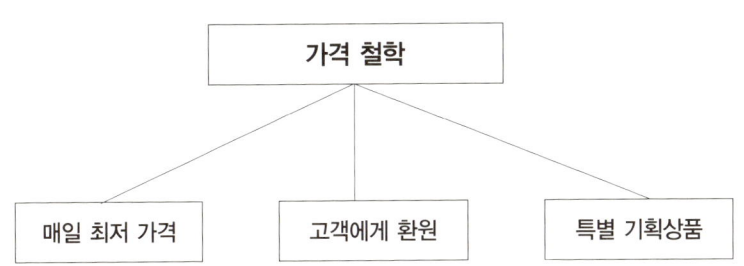

그림 3-1 **월마트의 가격 철학과 비즈니스 구축 10계명**

이념이다. 샘 월튼은 이 10개의 행동 규범을 누구보다 먼저 실천했다. 조직 내의 유전자로서 씨앗을 뿌린 셈이다.

아칸소 주의 벤튼 빌딩에 있는 월마트 본사에는 매일 250개 사의 경영자가 상담을 위해 방문한다. 접수창구는 마치 병원 대합실 같다. 그러나 월마트에는 '아무리 성공하더라도 지출을 억제하고, 검소한 생활을 하고, 서민의 편에 서겠다'는 창업자의 정신이 숨쉬고 있다.

금융업계의 그라민은행, 유통업계의 월마트, 호텔업계의 리츠칼튼, 인터넷업계의 아마존닷컴 등은 업계 관계자들에게는 성지聖地와 같은 곳이다. 모두 동종 업계에서는 전설이 된 기업들이다. 그렇다면 수많은 기업 중에서 유독 이 기업들이 성지로 칭송받는 이유는 무엇일까? 그것은 기업의 본질을 진지하게 관철하는 경영 자세에 대한 경외심 때문이다.

'본질적인 모습, 당연히 해야 할 것'을 알고는 있지만 제대로 실천하는 기업이 얼마나 되는가? 이상과 현실 사이에서 본질을 잃고 헤매는 기업들이 대부분이다. 따라서 프로 정신으로 새롭게 도전하고, 기업의 본질을 추구하는 이러한 기업들을 순례하고자 하는 것이다.

컨셉이 강한 기업은 한결같이 사업의 본질을 추구한다. 본질을 추구할수록 특징이 명확해지고 차별화된 우위성을 갖게 된다. 이른바 미션과 비전이 전략까지 세울 수 있도록 만들어 주는 것이다.

:: **기업은 무엇을 위해 존재하는가**

그라민은행은 착취당하는 가난한 농민들을 해방시키기 위해 설립되었다. '무엇을 위해 존재하는가'에 대한 해답이 존재 의의이며 결국 미션이다. 미션은 사명이라고도 해석할 수 있다. 그렇다면 무엇을 위해 사명을 다하는 것일까?

컨셉이 강한 기업은 공통적으로 사명감이 있다. 창업자가 품고 있던 강렬한 문제의식과 목적의식이 시대와 국경을 초월해 전달되는 것이다. 그리고 그 근원에는 '우리가 하지 않으면 누가 하겠는가'라는 사명감이 있다.

혼다의 설립자 혼다 소이치로本田宗一郎는 "세계 최고의 자동차를 만들겠다"고 귤 상자 위에서 호언장담했고, 소니sony의 설립자인 이부카 마사루井深大는 "패전국 일본을 세계에 우뚝 세우자"고 호소했으며, 마쓰시타전기의 설립자인 마쓰시타 고노스케松下幸之助는 "일본인의 생활을 쾌적하게"라는 구호를 목청 높여 외쳤다.

이탈리아 베네트 주에 있는 베네통Benetton의 창업자 루치아노 베네통Luciano Benetton은 "바른 것을 바르게 행하자"고 주장했고, 그 윤리를 공유할 수 있는 사람들과 같이 일하고 있다고 단언한다. 루치아노가 가장 중요하게 여긴 윤리는 '타인을 존중하는 것'이었다. 그는 자기 회사만 이익을 내면 된다고 생각하지 않고, 자연과 사람을 존중한다는 사명을 항상 염두에 두어야 살아남을 수 있다고 믿었다. 이러한 사명은 '유나이티드 컬러스united colors'라는 메시지에 포함되어 있다. 가내 수공업으로 스웨터 한 장을 만들어내던 창업 초기부터 '좋은 제품을 만들어 정당한 가격으로 모두에게 제공하고 싶다'는 마음은 변함이 없었다.

베네통은 1995년 사업 영역을 확장했는데, 핵심 사업인 섬유와 스포츠용품 분야의 매출이 전체 중 40퍼센트에 달하고 있다. 그리고 기업이 성장하면서 사회적인 역할이 요구됨에 따라 전문가를 양성하기 위한 교육기관인 퍼블리카PUBLICA를 설립했다.

일본에도 사명감이 투철한 사업가가 있다. 바로 택배사업을 세상에 확산시킨 야마토ヤマト운송의 오쿠라 마사오小倉昌男다. NHK

제3장 기업의 미션과 비전 컨셉 83

의 프로그램인 '프로젝트X'에서 소개되었듯이 홋카이도의 눈 덮인 산골마을까지 소포 하나를 배달하기 위해 애쓰는 모습을 보면 저절로 숙연해진다. 그는 사업의 본질을 잘 보여주었고, 아무리 어려운 일이라도 사람을 돕는 데 열성적이다. 현재는 은퇴하여 야마토복지재단에서 장애자의 자립 촉진을 신념으로 삼고, 경영 경험을 통해 길러온 지혜를 활용하고 있다. 운송회사 경영자에서 사회복지가로 변모한 것이다.

이처럼 창업자의 열정이 숨 쉬고 있는 미션과 비전에는 그 기업의 본질이 들어 있다. 그러나 중요한 것은 기업의 본질이 담긴 미션과 비전을 사내에 어느 정도나 정착시킬 수 있는가 하는 것이다. 본질을 경영에 접목해야 비로소 기업 가치를 창출할 수 있기 때문이다.

존슨앤존슨은 이러한 기업의 미션을 멋지게 기업 가치로 승화시켰다. 1982년에 발생한 타이레놀 사건을 예로 들어 보자. 진통제인 타이레놀에 누군가가 청산가리를 넣었다는 소문이 돌았다. 사실을 확인하는 중에 이 사실이 언론을 통해 사람들에게 알려졌고, 대혼란이 일어났다.

존슨앤존슨은 즉시 미국 전역에 공급한 타이레놀을 모두 회수하기로 했다. 당시 금액으로 약 7,500만 달러에 달하는 엄청난 돈이 필요했지만 그들은 미션에 따라 침착하게 문제를 해결해 나갔다. 그들은 수백 가지 대응책에 미션을 적용했다. 한 사람 한 사람이 각자 위치에서 능동적으로 내린 결정은 탁월했다. 그 결정들은 모두 하나의 기본 철학인 미션에서 비롯되었기 때문이다.

기업이 위기에 처했을 때 미션은 그 진가를 발휘한다. 모든 의사결정은 미션으로 돌아온다. 존슨앤존슨은 '우리는 왜 이곳에 있는가' 라는 미션과 함께 비전을 소중히 여기는 리더를 육성하고 '미션에 도전하는 미팅, 미션 설문조사'를 실시한다. 항상 정당한 방법으로 사업을 하고, 성실하게 행동하는 회사가 되어야 한다는 기업의 본질을 한시도 잊지 않는다. 기업의 컨셉은 곧 사업의 본질이다.

컨셉 잡기

미션 지향적인 기업 vs. 비전 지향적인 기업

∷ 장인정신이 살아 숨쉬는 컨셉 사고 기업

지금까지 살펴본 바와 같이 창업자의 리더 정신은 중요하다. 창업자가 유명인사가 되느냐 마느냐도 중요하지 않다. 위대한 기업으로 육성시켜 나가면서 다음 세대로 겸허하게 넘겨주는 진정한 리더가 되어야 한다.

시스코시스템즈Cisco Systems의 존 모그리지John P. Morgridge는 바로 그런 리더였다. 후계자인 존 챔버스John Chambers는 카리스마가 넘치는 경영자로 너무나 유명하지만 샌프란시스코의 작은 기업을 1990년대를 대표하는 하이테크 기업으로 발전시킨 것은 다름아닌 모그리지였다.

컨셉에 강한 기업과 그렇지 못한 기업의 차이는 무엇일까? 그것은 그라민은행과 일본의 거대 은행, 월마트와 마이칼(MYCAL Corporation: 일본의 종합 소매업 회사—옮긴이), 아마존닷컴과 e토이, 베네통과 LA기어, 야마토운송과 우체국, 존슨앤존슨과 미도리쥬지綠十字의 차이라고 할 수 있다. 다음은 미션과 비전의 본질을 알려주는 메시지다.

- 그라민은행 : 가난한 사람들을 위한 은행입니다.
- 월마트 : 항상 최저 가격을 약속합니다.
- 베네통 : 서로의 차이를 인정하고 진정한 융화를 지향합니다.

왜 이러한 메시지가 설득력이 있는 것일까? 왜 동네 슈퍼마켓의 메시지와 차이가 나는 것일까? 가짜와 진짜의 차이는 무엇인가? 메시지는 단순한 단어의 조합이 아니다. 메시지에는 전달하고 싶은 의지가 담겨 있어야 한다. 또 혼이 깃들어 있어야 한다. 그렇다면 혼이 깃들어 있는지 없는지를 어떻게 알 수 있는가? 진정한 기업 정신은 어떻게 알 수 있는가? 컨셉에 강한 기업에는 있지만 일반 기업에는 없는 것은 무엇일까?

그것은 미션과 비전을 달성해 나가는 조직의 의지, 즉 사명감이다. 자신이 말한 것에 대해서 책임을 진다는 것, 차이는 바로 이것이다. 말한 것을 행동으로 옮긴다. 당연한 말일지 모르지만 어떤 상황에서든 의지를 관철해 나간다는 것은 일반 기업에서는 불가능하다. 관철하기 위해서는 희생을 각오해야 하기 때문이다. 일반적으로 '이미 말씀드렸듯이……' 라는 변명이나 조건이 붙게 마련이다. 컨셉 사고는 얼버무림이 없으며, 협력 메시지와 개인의 실천이 지극히 자연스럽게 일치한다.

앞에서 소개한 기업들에는 탁월한 리더가 있었다. 그들은 '이대로는 안 된다'는 문제의식을 가지고, 어려움에 직면하더라도 자신의 미션과 비전을 실현하기 위해 희생을 두려워하지 않고 정면으로 맞섰다. 리더십은 컨셉의 결정체이기도 하다. 따라서 컨셉 트리와 컨셉 매트릭스로 훌륭하게 구조화할 수 있다(그림 3-2). 이러한 리더십이 존재하는 컨셉 사고 기업에는 다음과 같은 특징이 있다.

- 신조, 철학, 옳다고 생각하는 것이 분명하다.
- 그것이 구심점이 되어 같은 가치관을 가진 동료들이 모인다.
- 하루하루의 행동에 대한 판단 기준을 공유하고 있다.

확고한 신념과 성취하고자 하는 사명감은 본질을 추구하는 기업이 가진 힘의 원천이다. 컨셉 사고를 하는 기업은 크게 두 가지 유형으로 나뉜다. 바로 미션 지향적인 기업과 비전 지향적인 기업이다. 이 두 기업의 차이를 자세히 살펴보자.

:: 미션 지향적인 기업 vs. 비전 지향적인 기업

『비저너리 컴퍼니 *Visionary Company*』라는 책이 있다. 베스트셀러인 이 책은 후속편까지 번역이 되었다. 1편의 원서 제목은 『*Built to Last*(우리나라에서는 『성공하는 기업들의 8가지 습관』으로 번역·출간됨)』, 2편은 『*Good to Great*(우리나라에서는 『좋은 기업에서 위대

그림 3-2 탁월한 리더들의 사고 구조

		국가	방글라데시	미국	이탈리아	일본
		분야	금융	유통 소매	제조업 소매	물류
		리더명	무하마드 유누스	샘 월튼	루치아노 베네통	오쿠라 마사오
		기업명	그라민은행	월마트	베네통	야마토 운송
컨셉 트리	미션		이렇게 해서는 가난에서 벗어나지 못한다.	이렇게 해서는 생활 향상이 되지 않는다.	이렇게 해서는 세계가 분열되고 만다.	이렇게 해서는 우체국과 다를 바 없다.
	비전		가난한 농민도 자주성을 가지고 일을 할 수 있는 사회를 만든다.	대도시 이외의 지역이나 저소득층도 즐거운 생활을 영위할 수 있게 한다.	차이를 인정하고 다양성을 존중하는 세계를 믿는다.	한 사람 한 사람을 존중하는 민간 서비스를 제공한다.
컨셉 매트릭스	요소 정리					
	고객 관점		* 나 자신을 초월하고(초아) / 나 자신을 잊고(망아) / 나 자신이 없는(무아) * 작은 욕심보다는 큰 욕심 * '내가 하지 않으면 누가 하겠는가' 라는 사명감과 주체성 * 단념하지 않는 도전 정신과 끈질긴 책임감 * 반대, 곤란, 비난에도 결코 신념을 잃지 않는다. * 우직하고 겸손하게 활동하고 행동해 나간다.			
	본질 숙성					
		핵심 메시지	가난한 사람을 위한 은행 (Banking for the Poor)	매일 최저가격 유지 (Every Day Low Price)	차이의 인정 (United Colors)	한 개의 화물이라도 정성껏 배달

탁월한 리더의 공통적인 사고의 근원

한 기업으로』로 번역·출간됨)』이다. 간단히 소개하면, 영속적인 위대한 기업의 특징을 사례별로 소개하고 분석한 책이다. 따라서 제목을 번역할 때 내용에 비추어 '비전 지향적인 기업', 즉 '비저너리 컴퍼니'라는 말을 사용했다. 1편에서는 기본 철학이나 가치관, 즉 미션의 중요성을 분석하고 있다.

미션과 비전의 의미에 대한 혼란을 막기 위해 미션과 비전의 정의를 명확하게 구분해 보자.

- 미션이란 존재 의의와 행동이념이다.
- 비전이란 정량定量목표와 정성定性목표다.

미션은 상위 개념이고, 비전은 조직의 기반이 되는 기본 철학이다. 비전은 어떤 일정한 시간 축에서 '어떤 모습이 되고자 하는가'라는 목표를 세우는 것이다. 이 정의에 따르면 1편의 내용은 비전 지향적인 기업에 가깝다. 그리고 다음과 같이 정의한다(그림 3-3).

- 미션 지향적인 기업은 미션을 중시하는 전통적인 기업으로 시장을 이끄는 기업이 많다. 보편적인 가치를 제공하고 본질 숙성도가 높은 컨셉을 가지고 있다.
- 비전 지향적인 기업은 비전을 중시하며 업계를 평정한 신흥 기업으로 혁신가가 많다. 시대가치를 제공하고 차별적 우위성이 높은 컨셉을 가지고 있다.

그림 3-3 미션 지향적인 기업 vs. 비전 지향적인 기업

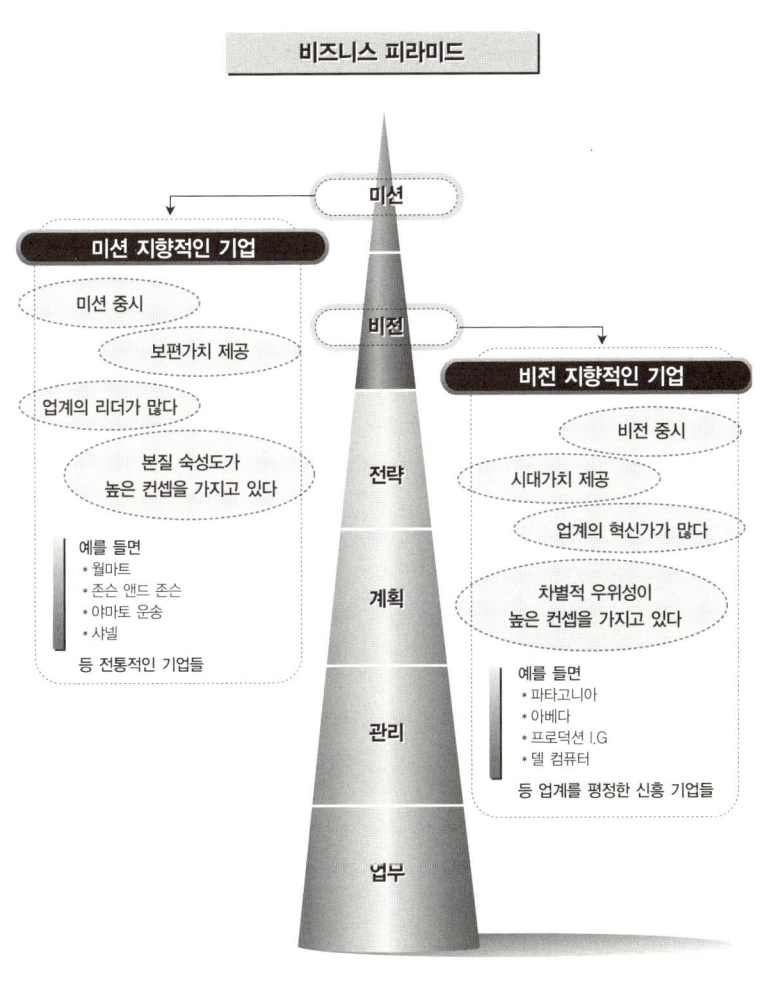

비즈니스 피라미드에서 미션과 비전 중 어느 쪽에 중심을 두는가에 따라 기업의 컨셉이 달라진다!

이제 이 두 기업의 차이를 구체적으로 살펴보자. 이 두 기업이 각각 제공하고 있는 가치의 차이는 무엇일까? 보편가치와 시대가치란 무엇인가? 예를 들면 유대교나 가톨릭 등 전통 종교와 통일교나 진광교 등 신흥 종교, 샤넬Chanel이나 시세이도Shiseido 등 전통 화장품 회사와 바디샵The Body Shop이나 아베다Aveda 등 신흥 화장품 회사에 비유할 수 있다. 전자가 보편가치를 제공하는 미션 지향적인 기업이라면 후자는 시대가치를 제공하는 비전 지향적인 기업인 것이다.

보편가치는 인간이 순수하게 추구하는 가치를 말한다. 예를 들면 사랑, 진, 선, 미, 성스러움, 우정, 아름다움, 기쁨, 즐거움, 정직함, 성실, 단순, 자연, 생명, 미래 등이다. 시대가치는 그 시대의 상징으로 만들어진 것으로 시간이 흐르면 보편가치가 되어 살아남기도 하고 없어지기도 한다.

:: **보편적인 가치를 제공하는 미션 지향적인 기업**

미션 지향적인 기업에는 기라성 같은 기업들이 많다. 반세기 이상 시대의 변화 속에서 사라지지 않고 살아남아 시대와 시장을 창조해 나가는 기업들이다. 이런 기업을 지탱하게 해주는 것은 수많은 세월 동안 관철해 온 보편가치다. 고객은 이러한 기업에게 항상 변하지 않는 정직함과 아름다움이라는 보편가치를 요구한다. 기업의 성실함과 근면함에는 기독교적인 가치가 뒷받침되어 있다.

거래처나 고객에게서 절대적인 신뢰를 얻는 기업은 창업자의 신앙이 두텁고 기독교적인 가치관을 밑바탕에 두고 있다. 세계적인 마케팅스쿨로 유명하며 유능한 CEO를 많이 배출한 P&G는 모든 직원이 같은 교회에 다니고 같은 가치관을 공유하며 같은 사명으로 결집되어 있다. P&G의 신조는 '정직함과 윤리' 다.

P&G의 비즈니스 행동 매뉴얼에는 다음 세 가지 질문이 있다.

- 나의 행동이 과연 정직한 것인가?
- 공적 기관의 엄격한 조사에도 끄떡없는가?
- 윤리성을 중시하는 P&G의 평판을 보호할 수 있는가?

이상 세 가지 질문에 무조건 '예' 라고 대답할 수 없다면 아무것도 실행해서는 안 된다.

메리어트Marriott호텔의 사례를 살펴보자. 메리어트호텔은 '어제보다는 오늘, 오늘보다는 내일 더 좋은 서비스를 고객에게 제공한다' 는 가치를 추구한다. 창업 1세대는 경건한 몰몬교도로 근면한 사람이었다.

이 기업의 미션은 '모든 고객에게 만족을 주는 것이 곧 우리의 책무' 라는 것이다. 메리어트의 본질이 열정이기 때문에 이러한 컨셉이 부족하게 느껴질 수도 있다. 따라서 현재에 만족하는 것이 아니라 '어떻게 하면 고객을 깜짝 놀랄 정도로 기쁘게 할 수 있을까' 를 필사적으로 연구하고 있다. 이는 메리어트 호텔의 본질이자 특징이다. 특히 서비스업은 고객에 대한 대응이 차별적

그림 3-4 P&G, 메리어트호텔, 파타고니아의 미션

기업방침

전 세계 사람들에게
더 나은 생활을 제공한다.

기업이념

- 우리는 개인을 존중한다.
- 회사와 개인의 이익은 구분하기 어렵다.
- 전략적으로 중요한 일을 중점적으로 한다.
- 혁신은 성공의 초석이다.
- 우리는 회사 밖의 상황에 중점을 두고 있다.
- 우리는 개인의 전문적 능력에 가치를 둔다.
- 우리는 최고를 지향한다. 상호협력이 신조다.

중심적 가치관

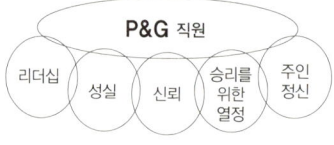

핵심 가치

메리어트만의 방식
(Marriot Way)

메리어트 문화

메리어트 고객 경험
(Marriot Experience)

메리어트만의 방식 3가지

■ 우리 동료들에게 봉사하는 정신

■ 고객에게 봉사하는 정신

■ 지역사회에 봉사하는 정신

우리의 근원

파타고니아는 항상 스스로 반성하는 회사입니다. 이익 추구보다 더 중요한 비전, 가치관, 지침의 원칙을 분명하게 보여주어야 한다고 생각합니다. 등산가들에게 바위를 훼손하지 말라고 호소하기 시작한 이래로, 파타고니아가 기업으로서 당연히 맡아야 할 역할에 대해서 항상 민감하게 생각하고 행동하고 있습니다.

행동을 시작하자

전 세계 사람들이 생태계 파괴에 반대하는 목소리를 높이는 것, 이것이 환경위기를 극복하는 유일한 해결책이라고 믿습니다. 정부나 권력자를 믿을 수는 없습니다. 자연 환경이 파괴되는 현재의 상황을 우리는 결코 간과할 수 없습니다. 우리 한 사람 한 사람은 지구와 조화롭게 살아 나가기 위해 노력하고 있습니다.

우위성이자 본질이 된다. 따라서 '본질=차별적 우위성=전략성'이라는 공식이 형성된다.

P&G나 메리어트호텔은 프로가 모인 곳, 프로를 육성하는 곳, 프로가 포진한 곳이다. 직원들은 모두 진정한 프로가 되고 싶어 한다. 엄격하지만 아름답다. 사명감에 대한 도전이 본질 숙성도를 높이고 있다(그림 3-4).

:: 혁신을 창조하는 비전 지향적인 기업

비전 지향적인 기업에는 두 종류가 있다. 하나는 반짝 하고 떠오르는 유성처럼 그 시대를 비추다가 사라지는 기업이고 다른 하나는 언제까지나 빛을 잃지 않고 존재하는 기업이다.

P&G가 미션 지향적인 기업이라면 파타고니아Patagonia(스키, 스노보드, 등산, 조깅 등 스포츠 의류용품 제조업체—옮긴이)는 아직 미래를 알 수 없는 비전 지향적인 기업이라 할 수 있다.

파타고니아는 유전자 조작에 대한 반대 운동으로 유명하다. 그러나 단지 그것뿐이라면 기존 환경 보호 기업들과 다를 바 없다. 파타고니아를 컨셉이 강한 기업이라고 하는 이유는 그 기업만의 독특한 작업 스타일과 직업관, 인생관 때문이다.

파타고니아의 미션은 '본질에 충성하는 것'이다. 직원뿐 아니라 고객, 주주는 모두 네 가지 가치관을 공유하고 있다. 그들이 이상으로 여기며 비즈니스 원칙으로 정의한 네 가지는 '스포츠 정신, 풀뿌리(일반 직원) 환경 운동, 평범하지 않은 문화, 혁신적인 디자인'이다. 이들은 이 네 가지 가치관에 대해 충성을 맹세하고 있다.

파타고니아는 자연 그대로를 좋아하며 즐기면서 일한다. 적당히 하는 것처럼 보여도 사명감은 강하다. 창업자 이본 취나드Yvon Chouinard의 강렬한 카리스마로 성장하고 있는 파타고니아가 미션 지향적인 기업으로 거듭날 수 있을지는 그가 물러난 다음에야 알 수 있을 것이다.

시대가치는 차별적 우위성이 높다. 창업 멤버에게는 이 차별적 우위성이 특히 더 중요하다. 단순한 이상주의 집단을 만드는 것은 간단하다. 그러나 이상을 구체화할 수 있는 조직을 만들어내고 진화시켜 나가기 위해서는 시작이 중요하다. 기업이 추구하는 사업의 본질에 대한 의식은 처음에 심어 놓아야 하기 때문이다.

컨셉 잡기
● ● ● ●

컨셉 트리를 이용한
미션과 비전 정리

:: 미션과 비전의 구성 요소

컨셉 트리는 컨셉을 구축하는 전제 조건과 창출한 아이디어를 나무 모양으로 정리하고 컨셉의 가설 체계를 일목요연하게 정리한 것이다. 그리고 그동안 살펴본 가설을 검증하고, 반복하여 정교하게 만드는 것이다.

이번 장에서는 미션 트리와 비전 트리를 나누어 설명한다. 지금까지는 미션·비전이라고 정리했지만, 연구할 때는 별도로 생각하는 것이 덜 혼란스럽기 때문이다.

미션은 자주 바꿀 수 있는 것이 아니다. 존재 의의나 행동이념이 자주 변하면 조직에 혼란을 가져올 수 있기 때문이다. 그래서 미션은 대개 창업을 할 때나 제2, 제3의 창업을 할 때 만든다. 반면 비전은 매년 새로 바뀐다. 3년짜리 비전이라고 하더라도 해당 연도의 목표는 해마다 달라지기 때문이다.

미션의 구성 요소는 존재 의의와 행동이념이다. 컨셉 트리의 각 단계에서는 '우리는 원래 무엇인가? 누구에게 무엇을 제공해야 하는가? 무엇을 만들어내는 조직이어야 하는가? 그렇게 하기 위해서는 어떻게 행동해야 하는가?'를 고민한다. 하부층으로 갈수록 구체적인 요소가 포함된다. 비전의 구성 요소는 미션보다 더 구체적이다.

- 정량목표: 매출, 영업이익, 경영이익, 종업원 수, 지점 수, 고객만족지수, 대차대조표 등
- 정성목표: 기업의 포지셔닝

또한 미션 컨셉 트리는 '정성적으로, 정량적으로 어떤 회사가 되고 싶은가?'라는 질문에 답하는 체계다. 그렇다면 구체적인 미션 컨셉 트리의 사례를 살펴보자.

:: 미션 컨셉 트리로 기업이념을 재구축하라

B사는 반도체 회사다. 이 회사의 창업자는 지금 상태로 간다면 회사가 무너질지도 모른다는 심각한 위기의식에 빠져 있다. 그래서 지금까지 이룬 성공은 모두 잊고 제2의 창업을 한다는 마음가짐으로 미션을 만들기로 했다. 미션의 구성 요소는 크게 나누어 두 가지라고 했다. 이를 고려할 때 교차 변수는 무엇일까? 또 전제 조건이나 요건, 아이디어 창출에 필요한 요소는 무엇일까?

- 창업자와 창업 멤버의 의지, 가치관, 생활방식, 문제의식, 시대 배경
- 제2의 창업 시 경영 환경(거시적 환경, 목표, 기존 및 신규 경합, 사내 환경 등)
- 인재상, 가치를 살리는 조직, 사람, 활동

제2의 창업을 추진할 때 가장 중요한 것은 바로 두 번째인 경영 환경의 분석 결과다. 환경의 변화에 따라 미션과 비전을 재설정해야 하기 때문이다. B사는 다시 한 번 회사의 위치와 존재 의의에 대해 논의해서 미션 컨셉 트리를 만들었다(그림 3-5).

미션은 단순히 현재의 상황을 인식하는 것으로 끝나는 것이 아니라 미래지향적이어야 한다. 미션은 '앞으로 어떻게 해나갈 것인가' 하는 질문에 대한 근본적인 대답이기 때문이다. 미션은 상위의 판단과 의지가 반영되는 경우가 많다. 따라서 컨셉의 의지가 반영되는 첫 단계가 무척 중요하다.

다음 다섯 가지 질문을 통해 존재 의의와 행동이념이라는 미션 가설 체계를 검증해 보자.

- 컴퓨터업계, 제조업체와 일반 사용자 시장, 세상은 어떻게 변화하는가?
- 누구를 대상으로 비즈니스를 할 것인가?
- 어떤 핵심 기술을 중심으로 비즈니스를 해야 하는가?
- 어떤 이익을 제공할 수 있는가? 경쟁에서 이길 수 있는 차별

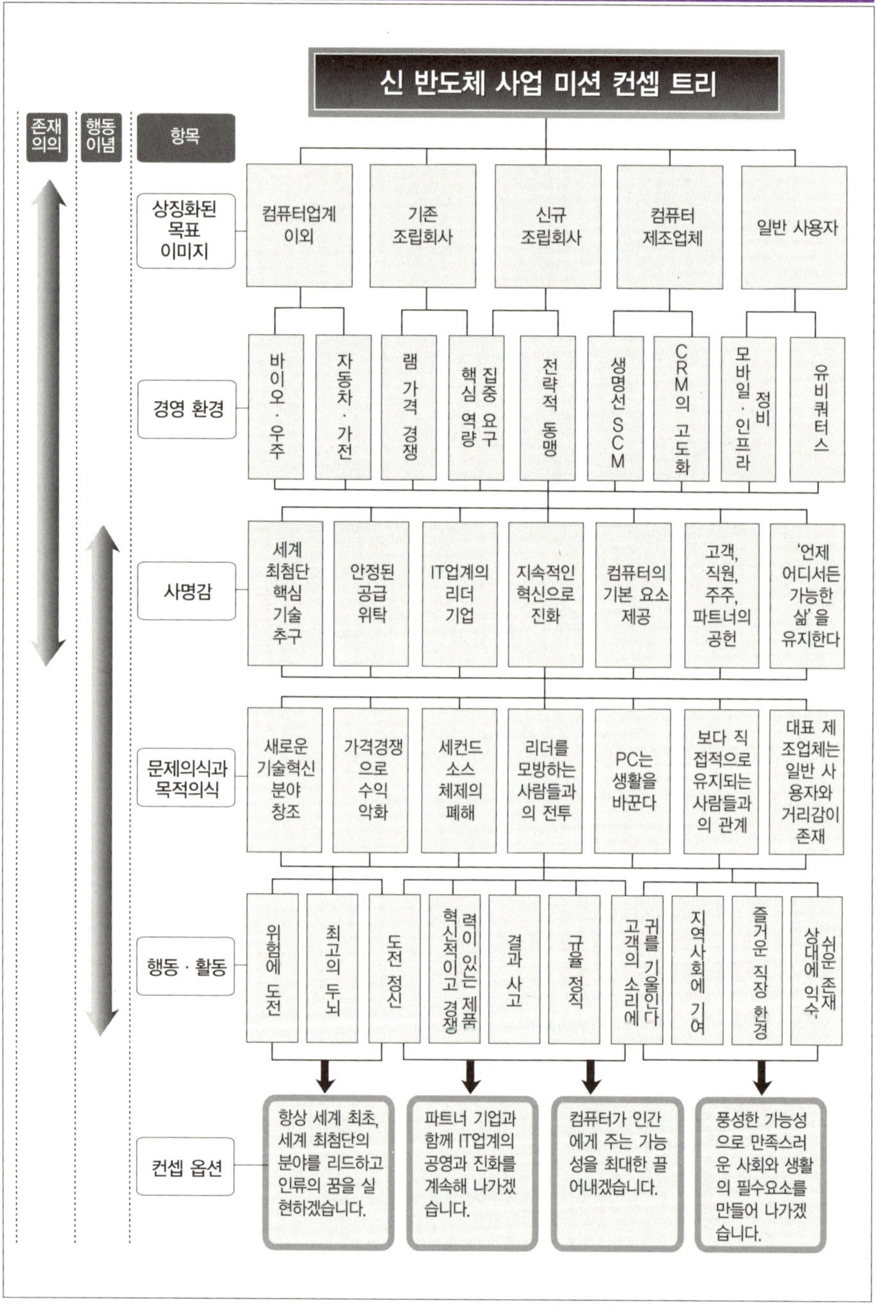

그림 3-5 미션 컨셉 트리

신 반도체 사업 미션 컨셉 트리

항목					
상징화된 목표 이미지	컴퓨터업계 이외	기존 조립회사	신규 조립회사	컴퓨터 제조업체	일반 사용자
경영 환경	바이오·우주 / 자동차·가전	램 가격 경쟁 / 집중 핵심 요구 역량	전략적 동맹	생명선 SCM / CRM의 고도화	모바일·인프라 정비 / 유비쿼터스
사명감	세계 최첨단 핵심 기술 추구 / 안정된 공급 위탁	IT업계의 리더 기업	지속적인 혁신으로 진화	컴퓨터의 기본 요소 제공	고객, 직원, 주주, 파트너의 공헌 / '언제 어디서든 가능한 삶'을 유지한다
문제의식과 목적의식	새로운 기술혁신 분야 창조 / 가격경쟁으로 수익 악화	세컨드 소스 체제의 폐해	리더를 모방하는 사람들과의 전투 / PC는 생활을 바꾼다	보다 직접적으로 유지되는 사람들과의 관계	대표 제조업체는 일반 사용자와 거리감이 존재
행동·활동	위험에 도전 / 최고의 두뇌	도전 정신 / 혁신적이고 력이 있는 제품 경쟁	결과 사고 / 규율 정직	고객의 소리에 귀를 기울인다 / 지역사회에 기여	즐거운 직장 환경 / 상대에 익숙 / 쉬운 존재
컨셉 옵션	항상 세계 최초, 세계 최첨단의 분야를 리드하고 인류의 꿈을 실현하겠습니다.	파트너 기업과 함께 IT업계의 공영과 진화를 계속해 나가겠습니다.		컴퓨터가 인간에게 주는 가능성을 최대한 끌어내겠습니다.	풍성한 가능성으로 만족스러운 사회와 생활의 필수요소를 만들어 나가겠습니다.

존재 의의 / 행동 이념

적 우위성은 무엇인가?
- 어떤 동료들과 함께 일하고 싶은가?

컨셉 트리를 작성할 때에는 차별적 우위성도 중요하지만 본질 숙성도 중요하다. 기업은 자사의 관점에서만 바라보는 기업과 사회와의 공생, 주변 환경과의 관계를 중시하는 기업으로 나뉜다. 닭이 먼저냐 달걀이 먼저냐 하는 것이 아니다. '얻기 위해 주는 것'과 '주기 위해 얻는 것'은 완전히 다르다. 사욕과 이기심에 취해 있다면 사람의 마음을 움직이는 본질과는 멀어질 수밖에 없다. 컨셉 사고는 바로 끝없는 이기심을 없애고자 하는 사고다.

∷ 비전 컨셉 트리로 기업이 나아갈 방향을 정하라

비전 컨셉 트리는 상층부는 정성목표, 하층부는 구체적인 정량목표로 구성되어 있다. 비전 컨셉 트리를 만들기 위해서는 먼저 어떤 회사가 되고 싶은지, 기업의 목표와 방향을 설정해야 한다. 그런 다음 달성하려는 목표 수치와 실현하고자 하는 경영 체계를 알기 쉽게 표현한다. [그림 3-6]은 B사의 비전 컨셉 트리다.

먼저 큰 틀에서 목표에 대한 방향을 설정하고, 이를 실현하기 위한 구체적인 목표를 세운다. 그렇게 함으로써 목표의 실현가능성을 높인다. 예를 들면 '전 세계 PC 제품 중 90퍼센트 이상이 B사의 인증을 받게 한다, 사용 원료에 대한 제품의 비율을 80퍼센트 이상으로 높인다, 최고 속도의 프로세서를 만든다, 모든 가격

그림 3-6 **비전 컨셉 트리**

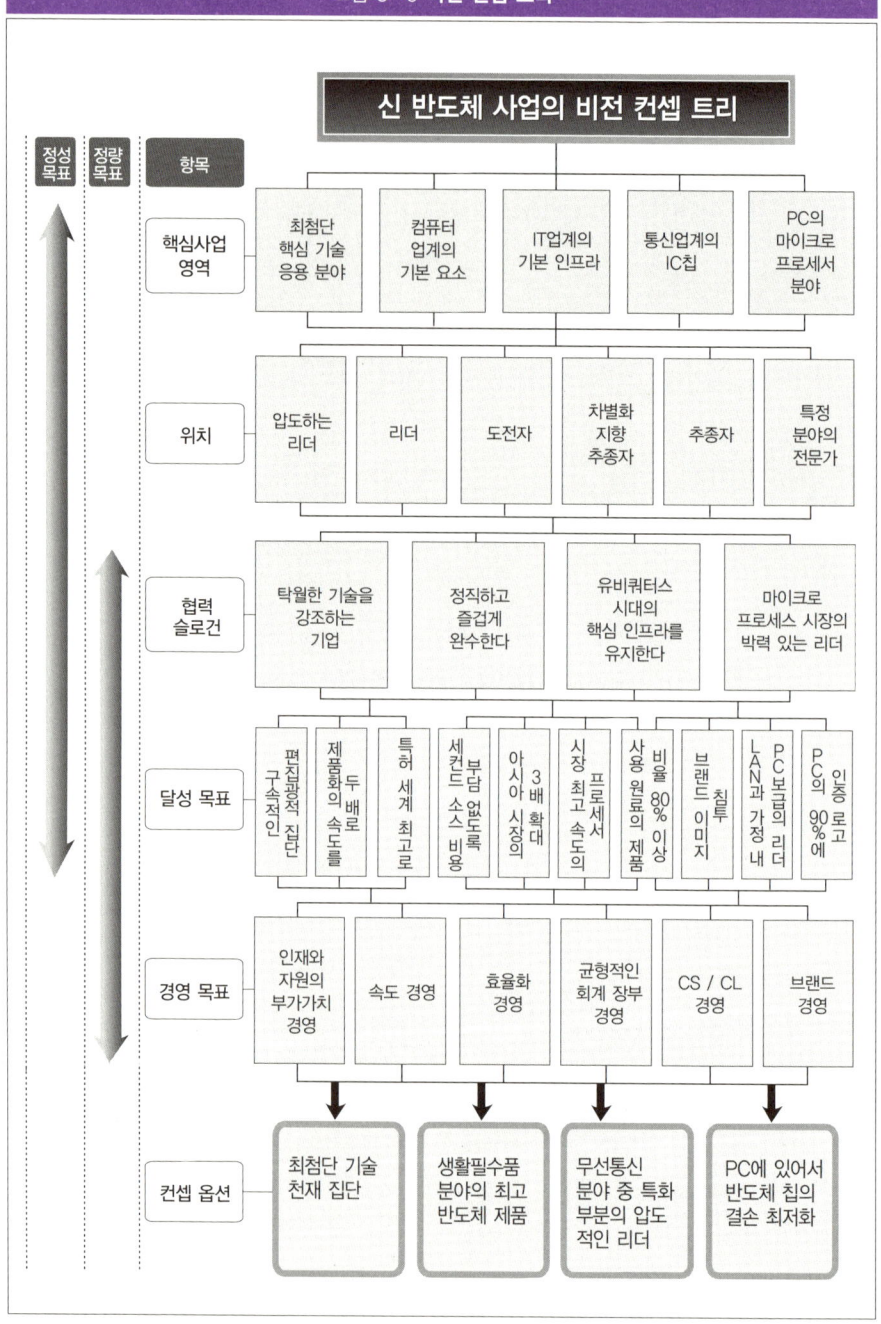

대에서 타사 제품보다 두 배의 성능을 실현한다, 타사의 컴퓨터 구조나 모방에 대한 도전을 따돌린다, 보급형 PC를 공급하는 회사들 중 리더가 된다, 브랜드 이미지를 소비자에게 정확히 각인한다, 2년 내에 아시아에서 시장점유율을 세 배 이상 높인다, 제품의 속도를 두 배 이상 높인다, 생활필수품 분야에서 1위 회사가 된다' 등이다.

처음에는 아주 큰 트리가 완성될 것이다. 왜냐하면 초기에는 목표를 달성하기 위해 필요한 구성 요소를 정리하고, 실현가능성을 타진하기 때문이다. 그러나 컨셉 트리는 어디까지나 다음 단계인 컨셉 매트릭스에서 검증하고 정교화할 수 있도록 하는 것이 목적이다. 비전 컨셉 트리를 작성할 때는 '우리가 어떤 세상을 만들 것인가'라는 비전이 기본 전제가 되어야 한다. 그리고 제품이든 서비스든 최종적으로는 고객에게 도움을 줄 수 있어야 한다. 부품이든 생산재든 최종 소비자의 존재를 잊어서는 안 된다.

미션과 비전에 있어서 컨셉 사고는 세 가지로 정리할 수 있다. '강한 사명감을 가질 것, 굳은 신념을 지닐 것, 이기심과 사욕을 초월할 것' 등이다. 이것이 컨셉 사고다.

컨셉 잡기
••••

컨셉 매트릭스를 이용한 미션과 비전 창조

:: 미션과 비전을 도출하는 4단계

컨셉 트리에서는 미션과 비전을 나누었지만 컨셉 매트릭스에서는 미션과 비전을 하나로 정리해 살펴보고자 한다. 물론 나누어도 상관없지만 이 단계에서는 가능한 한 통합된 방향으로 정리해서 논의하는 것이 중요하다. 컨셉 트리의 요소를 정리하거나 논의를 거듭하는 동안 세세한 부분에 의식이 집중될 수 있기 때문이다. 다시 중요한 시점으로 돌아가 보자.

이제 컨셉 트리에 의한 가설의 체계화와 검증이 끝났다. 지금부터는 압축, 정교화, 검증, 결정을 해보자. 컨셉 매트릭스를 만드는 동안 컨셉의 핵심이 슬며시 나타날 것이다.

컨셉 매트릭스는 트리 전체를 대상으로 하는 것이 아니다. '이것이 우리 컨셉'이라는 압축된 가설을 정교화하고 검증하는 것이다. 컨셉 매트릭스는 요소 정리, 고객 관점, 본질 속성, 핵심 메시

그림 3-7 미션과 비전을 창조하기 위한 컨셉 매트릭스 항목

요소 정리	문제의식	• 사내 환경(사업구조, 경영, 기술력, 핵심, 신뢰, HRM & HRD, 재정 등) • 시장 환경(모바일과 랜의 보급, 유비쿼터스 사회로 이동, 인터넷 등) • 경쟁 환경(신규 도입, 다른 업종 도입, SCM, 대체품, 최선의 습관)
요소 정리	목적의식	• 사내(창업정신, 의지, 가치관, DNA, 사업범위, 행동기반, 존재 의의, 행동범위 등) • 사외(정량목표, IR, CRM, ISO, 행동규범 등)
고객 관점	상황	• 기업가치(기업 이미지, 브랜드, CS, 로열티, 윤리, 프로정신 등)
고객 관점	이익	• 협력 슬로건(사내용) • 협력 메시지(사외용)
본질 숙성	풍부화	• 탁월한 리더(직관+윤리)
본질 숙성	옵션	• 사업의 본질 • 윤리와 사명 • 본질적인 모습

▼

핵심 메시지	• 약속	• 기업 철학

지 등 4단계로 구성된다. 요소 정리와 고객 관점은 앞 장에서 대강 파악했기 때문에 여기에서는 좁혀진 범위를 대상으로 하여 매트릭스를 사용해 정교화하고 검증해 나가기로 한다(그림 3-7).

:: 압축된 대상에서 요소 정리와 고객 관점을 정교화하라

다시 반도체 회사인 B사의 예로 돌아가 보자. 매트릭스 단계에 들어가기 전에 어느 정도 대상을 검증해 두어야 한다. B사의 미션은 '세계 최고의 반도체 제품을 제공하고 사회에 공헌하는 것'이다. 그리고 비전은 '성장을 기대할 수 있는 MPU(microprocessor unit: 초소형 연산처리장치)의 대중화'다. 이를 대상으로 컨셉 트리의 내용을 정교화하고 검증해 보자(그림 3-8).

요소 정리는 문제의식과 목적의식으로 정리할 수 있다.

■ 문제의식

사내 환경: 방향 전환이 필요하다.
시장 환경: 소비자 욕구는 대형 컴퓨터에서 PC로 이동할 것이다.
경쟁 환경: 부품 등 가격 경쟁으로 이익 감소한다.

■ 목적의식

의지: 세계 최고의 칩을 생산한다.
생활 변화: 1인 1PC 보급을 목표로 한다.
창업정신: 직원이 즐겁게 일할 수 있는 환경을 조성한다.

그림 3-8 B사의 컨셉 매트릭스

요소 정리	문제의식	이대로 가면 B사는 막다른 곳에 몰린다. 방향 전환이 필요하다.	대형 컴퓨터에서 PC로의 수요 이동이 예측된다(조사 보고서 첨부).	부품 등 가격 경쟁에서 수익 악화
		↓	↓	↓
	목적의식	기술자가 몰두할 수 있는 작업 환경 조성	세계 최고의 칩 생산	1인 1PC 보급 목표
고객 관점	상황	• 전 세계 모든 PC에 B사가 인증하는 세계 최고의 칩이 운용되고 있다. • 제조업체에서 세컨드 소스의 불량품이 없도록 하여 사업을 안정화한다.		
	이익	• PC가 뭔지 전혀 모르는 초보자도 안심하고 PC를 선택하고 구매할 수 있다. • 신뢰받는 PC 브랜드로서 파트너 제휴를 할 수 있다.		
본질 숙성	풍부화	• 고객 지향에서 고객이란 누구를 말하는가? • 결과 지향이란 구체적으로 무엇을 말하는가? • 프로의식이란? 탁월함이란? • 필수요소란? 절대적이기 위해서는?		
	옵션	**1안** 컴퓨터업계에서 탁월한 품질의 필수요소를 항상 제공하고, 고객, 사원, 주주에게 공헌한다. **2안** PC 관련 제품에 업계 표준을 확립하고 전 세계 사용자에게서 절대적 신뢰를 얻기 위해 혁신적인 변화를 시도할 것을 약속한다.		

↓

핵심 메시지	2안을 한마디로 ➡ B 인사이드! (이것은 인텔의 '인텔 인사이드'를 인용한 것임)

어느 정도 정리가 되면 가설 문장을 다듬어 나간다. 예를 들어 '세계 최고란 무엇인가? 탁월함이란 무엇인가? 반도체 제품의 한계는 어디까지인가? 사회는 누구의 것인가? 공헌이란 무엇인가?' 등이다.

미션의 가치관도 가설 문장을 작성하고 그 내용에 대한 질문을 만들어야 한다. 예를 들면 '고객 지향에서 고객이란 누구를 뜻하는가? 결과 지향의 구체적인 의미는 무엇인가? 프로의식이란 무엇을 뜻하는가?' 등이다.

이 질문들에 아직 답하지 못해도 좋다. 그러나 답을 생각하기 위해 필요한 축인 구성 요소는 반드시 기억해 두기 바란다. 구성 요소로서 중요한 축이 누락되었는지 아닌지 확인할 수 있어야 한다. 진짜 대답은 세 번째 단계인 본질 숙성에서 완성하게 된다.

두 번째 단계는 고객 관점이다. 고객의 이익과 상황을 상상하면서 만들어 간다. 예를 들면 다음과 같다.

'전 세계의 모든 PC는 B사가 만든 세계 최고의 칩으로 작동된다. 모든 PC에는 B사의 로고 마크가 찍혀 있다. 그 마크는 결국 세계 최고의 품질이라는 신뢰의 인증이다. 고객은 PC의 칩이 B사의 것인지 아닌지를 통해 구매를 판단한다. 따라서 초보자도 친숙하게 느낄 수 있는 로고 마크와 메시지 등 브랜드 이미지에 힘을 쏟아야 한다.'

고객 관점이 보이기 시작했다면 '일반 사용자와는 전혀 관계없던 PC의 칩이 일반 사용자에게까지 사랑받기 위해서는 어떻게 하면 좋을까'라는 질문에 대한 답을 찾아야 한다. 그것은 '컨셉=

본질'을 구성하는 중요한 요소가 된다.

지금까지 가설을 검증하고 질문을 통해 컨셉 가설을 정교화하는 두 가지 방법을 살펴보았다. 세 번째 단계로 이동하기 전에 아이디어와 여건, 특히 구성 요소가 되는 축은 잘 만들어졌는지 다시 한 번 확인해야 한다. 왜냐하면 세 번째 단계인 본질 숙성 단계가 바로 '컨셉=본질'이라는 깊이와 정도를 결정하는 핵심이기 때문이다. 어설프게 본질 숙성 단계로 이동하면 최종 단계인 핵심 메시지가 결정되지 않는다. 잘 만들어졌으면 이제 열정의 무대로 이동해 보자.

:: 본질 숙성에서 핵심 메시지까지

본질 숙성은 확산, 전환, 충돌 등으로 가설 컨셉을 풍부화하여 선택할 수 있는 몇 가지 옵션으로 만드는 것이다. 요소 정리에서 세운 가설 컨셉에 몇 가지 질문을 던지면 복수의 축이나 의미 있는 대답이 나온다. 이를 주시하면서 가설 컨셉을 확산, 전환, 충돌시키는 것을 풍부화라고 한다.

그리고 가설 컨셉을 숙성한 다음, 미션과 비전이라는 단어를 사용하면서 정리해 보자. 아마도 각각의 문장이나 키워드는 겹치더라도 초점은 미묘하게 달라질 것이다. 그런 다음 문장을 다듬는다. 애매한 표현이나 다른 회사도 사용할 수 있는 메시지들은 명백하게 자신의 것으로 만들어 나간다.

미션과 비전은 '존재 의의, 가치관, 정량목표, 정성목표'다. 정성목표 안에는 '위치 부여, 협력 기준'이라는 중요한 요소들이 가득 차 있다. 이러한 요소를 만족시키는 핵심 메시지를 만들기 위해 제2의 창업의 시점에 가장 중요하게 요구되는 메시지를 전달할 수 있는 요소로 압축한다. 이러한 과정을 거치면 결국 다음 두 가지 옵션으로 좁혀진다.

- 1안: 컴퓨터업계에서 탁월한 품질의 필수요소를 항상 제공하고 고객, 직원, 주주에게 공헌한다.
- 2안: PC 관련 제품에 업계 표준을 확립하고 전 세계의 사용자들에게서 절대적인 신뢰를 받기 위해 항상 변화할 것을 약속한다.

1안은 상위의 미션 중심적인 메시지이고, 2안은 단기적인 시점에서의 비전 중심적인 표현이기 때문에 두 가지 안을 비교할 수는 없다. 그러나 다음 두 가지 평가 축과 네 가지 평가지표로 같은 평가 축에서 살펴볼 수 있다.

- 차별적 우위성 : 차별성과 우위성
- 본질 숙성도 : 본질 응축성과 설득력

그렇다면 평가와 검토를 해보자. 차별적 우위성의 측면에서 보면 어떨까? 1안은 장기적으로 보면 좋지만, 다른 회사와의 차별성 및 우위성을 확실하게 전달하기는 어렵다. 반면 2안은 명쾌하다. 앞으로 치중해야 할 분야, 그리고 지향해야 할 목표가 명시되어 있다.

그렇다면 본질 숙성도 측면에서 평가해 보면 어떨까? B사의 본질은 확실히 '탁월한 품질'이고, '필수요소의 제공'이라고 할 수 있다. 그러나 회사가 막다른 곳에 이르면 패배할 수밖에 없다. 의지는 중요하지만 알기 쉽게 전하지 못하면 애매한 표현이 되고 만다. 두 개의 평가 축에서 2안을 기본으로 핵심 메시지를 다듬어 보자. 두 번째 방법이었던 고객 관점에서의 여건도 중요하다. 'PC, 업계 표준, 절대적인 신뢰, 항상 변화한다……' 이것을 전달할 핵심 메시지를 B사의 이름을 넣어 만들어 보면 'B 인사이드' 정도가 된다.

좀 번거로워 보이겠지만 이 네 가지 방법으로 컨셉 사고를 다듬어 나가다 보면 분명히 만족스러운 핵심 메시지를 추출할 수 있을 것이다.

제4장
비즈니스 모델의 컨셉

컨셉이 살아 있는 비즈니스 모델
컨셉을 통한 사업 혁신
컨셉 트리를 이용한 사업영역과 비즈니스 모델 평가
컨셉 매트릭스를 활용한 비즈니스 모델의 컨셉 개발

컨셉 잡기
• • • •

컨셉이 살아 있는
비즈니스 모델

:: **고객을 중심으로 한 혁신 프로세스**

　미션과 비전의 본질을 연구한 다음에는 이러한 컨셉 논리에 맞추어 자사의 사업 모델을 살펴보자.

　컨셉이 없는 기업은 오로지 제품과 기술 중심으로 생각한다. 계열사와의 관계나 인간관계도 비즈니스로 여긴다. 눈앞의 현실밖에 보지 못하는 것이다. 반면 컨셉에 강한 기업은 고객을 중심으로 생각한다. 고객의 입장에서 생각하고 인간관계를 맺는다. 미래를 내다볼 줄 아는 것이다.

　컨셉이 강한 기업은 자사의 강점을 압축해서 고객의 가치를 극대화하기 위해 고객 중심의 사업을 획기적으로 재편한다. 그렇다면 어떻게 압축할 것인가? 어떻게 바꿀 것인가? 이에 대한 본질을 탐구하는 과정에서 컨셉 사고가 나타난다.

　아이리스 오야마Iris Ohyama는 정원관리 기구, 애완동물 용품, 수

납용 가구 등 가정용 물품을 제조하고 유통하는 견실한 기업이다. 이들은 자신을 메이커벤더maker-vendor라고 부른다. 메이커벤더란 '제조업+도매업+물류센터'의 형태를 갖춘 회사를 뜻한다. 즉 물건을 만드는 것뿐만 아니라 만든 물건을 유통하는 업체라는 뜻이다. 원래는 제조업체였던 이 회사가 굳이 메이커벤더로 업태를 바꾼 것에서 그들의 사고방식과 사업의 본질을 탐구하는 과정을 읽을 수 있다.

아이리스 오야마가 처음부터 메이커벤더를 지향한 것은 아니었다. 창업 후 기업 매출 중 신상품이 차지하는 비율은 항상 60퍼센트를 넘고 있다. 이들의 메시지는 내려다보는 것도, 올려다보는 것도 아닌 '소비자의 관점에서 바라보는 것'이다. 여기에 그들의 본질이 있다. 그들은 이 본질에 이르기까지 몇 번이고 가설 검증을 되풀이했다. 어떻게 하면 소비자에게 새롭고 편리한 제품을 전달할 수 있을까?

이들은 결품률이나 회전율만 중시하는 도매업은 필요 없다고 판단하고 업태 혁신을 전개했다. 그 결과 자신들의 고객이 누구인지 재확인할 수 있었다. 고객을 위해 사업 전체를 응축했고, 고객의 이익을 위해서라면 언제라도 업태를 바꿔야 한다고 생각했다. 이것이 아이리스 오야마가 메이커벤더로 변화한 과정이자 아이리스 오야마의 컨셉 사고다(그림 4-1).

또한 자사의 이익만 생각하고 분리·확장하는 것이 아니라 자신들의 고객은 누구인지, 사업의 가치는 무엇인지, 사명은 무엇인지에 대해 치열하게 고민한 결과다. 사업의 본질은 컨셉을 탐

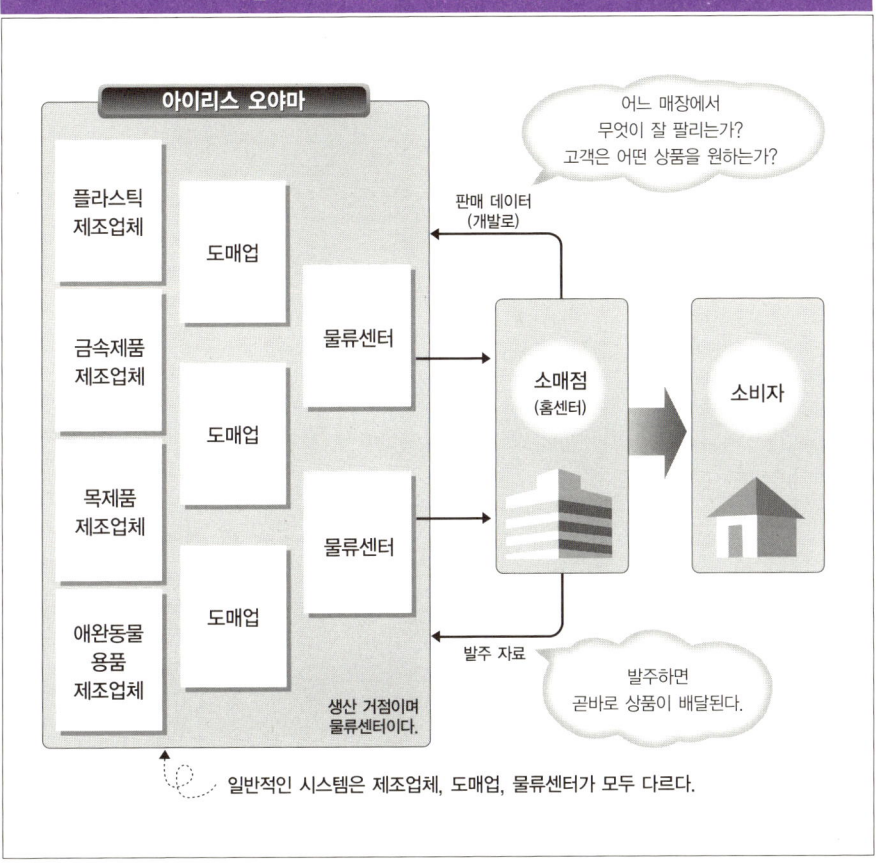

그림 4-1 아이리스 오야마의 메이커벤더 시스템

구하는 것이다. 이러한 과정이 바로 컨셉 사고다.

:: '~다움'의 압축, 이것이 사업 컨셉이다

아마존Amazon은 장기적인 적자 속에서도 이용자의 인터페이스를 몇 번이나 갱신하고 물류를 고도화하기 위한 설비투자를 해왔다. 외견뿐만 아니라 사용하기 편리하게 하기 위해서다. 바로 고객을 위해 진화하는 것이다. 이러한 사고방식은 고객에게 그대로 전해진다.

아마존의 CEO인 제프 베조스Jeff Bezos는 특이한 사람으로 알려져 있다. 베조스가 아마존을 홍보하기 위해 일본을 방문했을 때 한번은 이런 일이 있었다고 한다. 아마존에서 책을 주문한 고객의 집에 페리칸(일본의 물류 택배회사—옮긴이) 배달원 복장을 한 베조스가 직접 찾아간 것이다. 이 독특한 이벤트에 고객도 무척 기뻐했다고 한다.

이 일화에서 아마존에 대한 베조스의 애착을 느낄 수 있다. 수많은 온라인 서점들 중에서 고객에게 선택받고 주문받은 상품을 배달한다. 너무나 간단한 비즈니스 모델이지만 베조스는 이를 진화하는 데 매달렸다. 투자가와 애널리스트에게서 여러 번 비난을 받았지만 그는 굴하지 않았다. 베조스가 일본 방문 때 보여준 이벤트는 자신의 강렬한 메시지이자 아마존의 컨셉이다. 여기에 '아마존다움'이 있는 것이다.

세계 제일의 PC 제조회사인 델Dell 컴퓨터도 심오한 사업 컨셉을 갖고 있다. PC업계의 틀을 깨고 직판, 수주생산으로 무재고를 지향하는 '델 다이렉트 모델'로 각광을 받았다. 이 다이렉트 모델이 바로 이들의 사업 컨셉이다. 델 컴퓨터는 계속 진화하고 있으며 이 발전 과정에는 이러한 컨셉 사고가 숨어 있다.

그렇다면 델 컴퓨터의 사업 컨셉은 무엇인가? 바로 고객 관점에서의 체험이다. 물론 지금은 어느 기업에서나 사용하는 말이지만, 이것이 바로 델의 컨셉이다. 델에는 '델 컴퓨터다움'이 있다. 일단 '~다움'을 인정받았다면 비록 다른 회사에서 흔히 사용하는 말이라 해도 충분히 컨셉이 될 수 있다.

또 다른 컨셉은 속도의 효율성이다. 저렴한 가격과 신속한 배달만으로는 컨셉이 될 수 없다. 델의 현지법인 사장들은 재고, 부품, 유통 등 비용 관리, 프로모션 대응 관리 등을 한 시간 단위로 체크한다. 매시간 의사결정을 내리며 비즈니스의 근간을 이루는 상황을 조율한다. 바로 이 때가 델의 '속도 효율'이라는 컨셉이 보이는 순간이다. 또 고객에 대한 가치를 최대화하기 위해 스스로 엄격히 관리한다. 이는 진화 프로세스 즉, 컨셉 사고에 의한 사업 컨셉의 탐구라고 할 수 있다.

컨셉이 있는 비즈니스 모델에는 특유의 '~다움'이 있다. 또 그것을 진화시키는 프로세스가 있다. 사업 컨셉이란 이 프로세스에 사업 전부를 압축해서 과거에서 미래로 진화하는 것이다.

:: **컨셉이 있는 사업은 행하는 모든 것이 컨셉이다**

아스클은 사무용품 사업으로 유명한 기업으로 사무용 문구, OA 비품, PC 관련 제품, 가구 등을 온라인을 통해 주문·판매하고 있다.

아스클은 단순히 상품이 아니라 사용하기 편리한 사용자 환경과 반드시 지정된 시간에 배달한다는 철저한 원칙을 판매하는 기업이다. 특히 '진화하는 방향은 고객 쪽이다'라는 신념을 관철하고 있다.

아스클의 본사 사무실. 사무실 중앙에 고객센터가 있고 그곳을 각 부분의 스태프가 둘러싸고 있다.

아스클은 고객을 위해 기업을 철저히 연마한다. 1만 2,500종이 넘는 상품 항목을 초고속으로 처리하는 최첨단 물류센터, 빠른 사내 의사결정, 업무의 고도화를 위한 비즈니스 프로세스 리엔지니어링BPR, 고객의 요구를 충족하기 위한 지역 문구점 설치 등이 이러한 노력의 산물이다. 약속한 시간에 반드시 배달하기 위한 구조와 조직을 갖춘 것이다. 또 밸류 체인 플랫폼value chain platform(기업의 개별 활동은 사슬처럼 엮여 있어서 가치를 창출한다는 이론)을 비즈니스의 미래상으로 삼고 있다. 컨셉 사고로 계속 진화하고 있는 것이다.

이들의 컨셉 사고를 가장 잘 나타내고 있는 곳은 바로 아스클 본사 사무실이다. 큰 방 한가운데에 고객센터가 있고, 주변에는 직원들이 앉아 있다. 고객센터를 보면 고객의 소리를 얼마나 소중히 여기고 있는지 잘 알 수 있다. 고객 중심이라는 아스클 이념을 진화시키는 일에 전력을 다하고 있는 것이다.

사무실도 고객센터를 중심으로 배치되어 있다. 비즈니스 컨셉을 사무실 배치에까지 승화시키고 있는 것이다. 경영 컨셉도 '철저한 고객주의'에 기반을 두고 있다.

한편 '헌 책방'이라는 컨셉의 북오프BOOK OFF도 컨셉에 강한 기업이다. 이 서점에서는 아무리 비싸고 두꺼운 책이라도 중고책이나 헌 책이라면 정가의 10퍼센트에 인수해 20퍼센트에 판다. 이율은 75퍼센트다. 아무것도 모르는 아르바이트생도 첫날부터 매장 업무를 볼 수 있다. 책을 파는 사람도 의아하게 생각할 정도다. 귀하고 값비싼 책도 10퍼센트, 폐휴지로밖에 쓸 수 없는 불필요한 책도 10퍼센트로 똑같이 취급한다. 모든 책은 현금으로 단 몇 분만에 거래된다. 독자는 원하는 책을 놀랍도록 싼 가격에 살 수 있다.

일본 최대의 헌책 판매 프랜차이즈 서점 북오프.

그러나 북오프의 비즈니스 본질은 이것이 아니다. 그들은 프랜차이즈 가맹을 원하는 사람들에게 최대한 쉽게 매장을 열 수 있도록 지원한다. 그러기 위해서 사업설명회와 가맹 후의 연수 프로그램, 점포 운영 매뉴얼 등을 제공한다.

또 벤처지원 사업도 하고 있다. 뛰어난 사람에게는 독립할 수 있도록 출자를 하고, 북오프에서 쌓은 노하우와 전국적 기준을 제공함으로써 북오프 그룹에 참여할 수 있도록 여러 장치를 마련하고 있다.

그 바탕에는 북오프의 사장인 사카모토 다카시坂本 孝의 의지가 깔려 있다. 그 역시 벤처사업가로 고생한 경험이 있기 때문이다. 벤처 마인드를 가진 사람을 발굴해 내고, 거기에서 새로운 부가

가치를 창출한다. 미래를 위한 구조, 바로 여기에 북오프의 비즈니스 컨셉이 있다. 벤처 마인드를 가진 사람들에게 기회를 주자는 것이다.

컨셉이 있는 사업은 무엇이 가치 있는지를 알고 있기 때문에 성공한다. 여기에 진정으로 하고 싶은 일의 본질이 있는 것이다.

아스클은 고객과의 약속시간을 지킨다는 가치를, 북오프는 사회에 묻혀 있지만 도전정신을 가진 사람들에게 기회를 준다는 가치를 구현하려고 한다. 그리고 그 가치를 위해 스스로 혁신해 나간다.

비즈니스 모델은 '~다움'으로 시장을 개척하는 것이 목표다. 그리고 컨셉 사고는 이러한 목표를 구현하기 위한 본질 탐구의 과정이다.

컨셉 잡기
• • • •

컨셉을 통한 사업 혁신

:: 사업영역 재구축과 사업 리모델링

'기존의 비즈니스는 이제 통하지 않는다. 어떻게든 이 상황을 벗어나야 한다.'

이런 생각을 하고 있는 기업이 많다. '블루오션'이라는 말이 사람들의 입에 오르내리고, 각종 매체에서 앞 다투어 다루고 있다. 절박한 상황은 도처에 존재하고 있다. 이제 새로운 가치를 창출해야 한다.

자사의 생존방식을 바꾸는 것을 사업영역의 재구축이라고 한다. 사업영역의 재구축은 회사가 무엇을 지향하고 있는지, 회사의 진정한 가치는 어디에 있는지 검증하는 것이다. 또 기존 사업의 방식을 바꾸는 것을 리모델링이라고 한다. 즉, 비즈니스 모델의 혁신이다. 업태 쇄신, 사업방식의 혁신도 리모델링에 속한다.

사업영역의 재구축과 리모델링은 과거와 현재를 객관적으로 인식하고, 미래를 향해 행동하는 것이다. 또 환경의 변화와 자사의 존재를 객관적으로 파악해 자신의 생존방식과 행동을 바꾸어 가는 것을 말한다.

나가노長野에 있는 스키 제조회사인 스왈로우스키 Swallow Ski의 사례를 살펴보자. 거품경제 때는 10만 엔짜리 스키도 날개 돋힌 듯

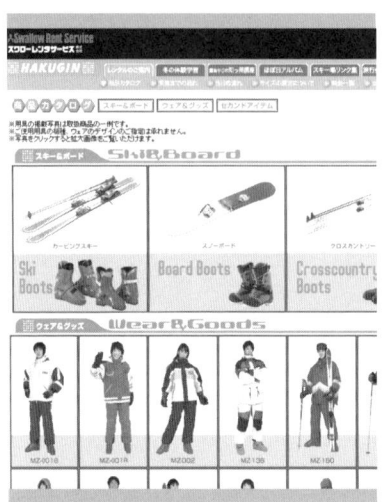

스키 판매에서 스키 렌탈로 비즈니스 컨셉을 바꾼 스왈로우스키.

팔렸다. 그러나 시장 환경은 완전히 달라졌다. 지금은 아무리 고급 스키라도 1만 엔 이상이면 팔리지 않는다. 사는 것보다 빌리는 것을 더 선호하게 됨에 따라 잘 나가던 스키 제조업체들은 줄줄이 도산하거나 구조조정을 해야 할 상황에 처했다. 물론 스왈로우스키도 마찬가지였다. 그러나 이 회사는 즉시 생존방식을 바꿨다. 수학여행 등 단체 손님을 대상으로 한 스키 대여 사업으로 회사의 수명을 연장한 것이다.

스왈로우스키는 현재 제조업체인 스왈로우스키와 렌탈업체인 스왈로우 렌탈서비스로 나뉘어 있다. 렌탈서비스 분야에서는 고객의 취향과 수준에 맞춰 스왈로우스키 제품 외에도 다른 회사의 제품을 고루 갖추고 있다. 시장의 변화에 따라 비즈니스의 본질은 달라진다. 스왈로우스키는 시장의 가치관과 스키를 즐기려는

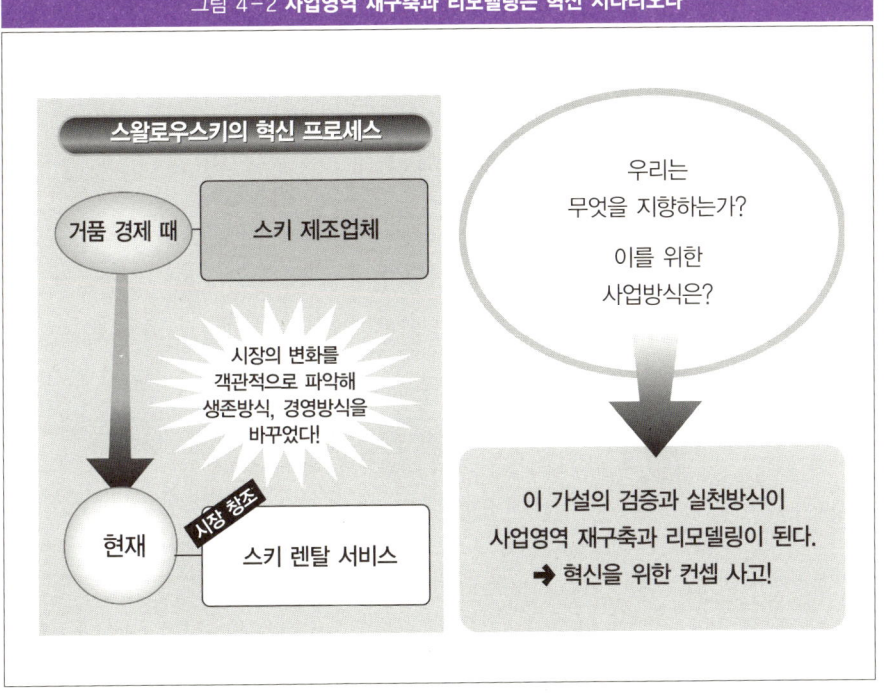

그림 4-2 사업영역 재구축과 리모델링은 혁신 시나리오다

고객 스타일의 변화에 맞춰 업태를 바꾼 것이다.

　스왈로우스키의 사업 컨셉은 비즈니스 모델 컨셉으로, '스키 제조업에서 수학여행용 스키 렌탈 서비스로 이동하여 시장을 창조하는 것'이다. 이것은 가장 쉬운 리모델링의 예라고 할 수 있다 (그림 4-2).

　IT업계에서 사업영역을 재구축하여 리모델링을 단행한 IBM의 사례를 살펴보자. IBM은 예전에 대형 컴퓨터 제조업체로 세계 제일의 시장점유율을 자랑했다. 그러나 지금은 'e비즈니스'라는 서비스와 솔루션을 파는 기업으로 업계 선두를 달리고 있다. 상품이 아니라 서비스로 생존한 것이다. IBM은 컨설팅을 축으로 한 고객 솔루션 제공으로 특화했다. 컨설턴트를 육성하고 평가 제도와 인사 제도를 바꾸었다. 시장의 가치 변화에 맞춰 업태를 바꾼 것이다. 이 역시 성공적인 리모델링 사례라고 할 수 있다.

사업영역의 재구축과 리모델링은 단순히 상황이나 시장 변화에 대응하는 것이 아니다. 시장 변화의 본질을 이해해야 한다. 이것은 간단한 일이 아니다. 이론적인 것도 아니다. 자사의 가치를 만들어내기 위해 무엇을 지향하고 무엇을 개선해야 하는지, 그리고 비즈니스 컨셉은 무엇인지에 대한 명확한 답을 찾아내는 것이다. 사업영역의 재구축과 리모델링은 비즈니스의 본질을 탐구하기 위한 혁신 시나리오다.

:: 혁신을 위한 컨셉

사업영역의 재구축과 리모델링은 '단념한다, 창조한다, 바꾼다'라는 세 단계로 되어 있다. 성공적인 혁신을 위해서는 이 세 단계를 어떻게 실현할 것인지 그 축을 생각하는 것이 중요하다.

첫째, '단념한다'는 것에 기반을 둔다면 종합상사를 예로 들 수 있다. 종합상사도 구조조정의 태풍을 피해가지 못했다. 이 때문에 진정한 혁신이 요구되었다. 미쓰비시상사三菱商事는 '포트폴리오'라는 키워드로 사업 분야를 압축하고 있다. 선택과 집중에 중점을 둔 것이다. 마찬가지로 이토추상사伊藤忠商社는 자사의 강점을 살린 사업을 특화했다.

단, 미쓰비시상사는 다른 종합상사보다 한발 앞서 있다. 미쓰비시상사는 R&D분야로도 손길을 뻗쳐 첨단 기술의 개발과 사업화를 추진하고 있다. 이토추상사는 제조, 기술개발에서 물류, 판매까지 한꺼번에 해결한다. 양사 모두 핵심 사업의 폭을 넓혀 가고 있는 것이다.

현재 종합상사는 '단념한다'에서 두 번째 '창조한다'의 단계로 전환했다. 그러나 아직까지 컨셉은 보이지 않는다. 그것은 창조 단계에서 비즈니스의 본질을 규명할 수 있는지에 달려 있다.

'창조한다'는 것은 비즈니스의 범주를 창출한다는 것을 의미한다. 델과 아마존은 사회적으로 완전히 새로운 비즈니스 범주를 만들어냈다. '창조한다'는 것은 경쟁 우위성이 있는 핵심적인 능력을 말한다. 이는 단순한 강점보다 구체적인 내용이 무엇인지 정확하게 인식하여 주체적으로 컨셉화하는 것을 가리킨다. 그런 의미에서 종합상사는 이제부터 시작이라고 할 수 있다.

마지막으로 '바꾼다'는 것은 이른바 업태의 혁신을 뜻한다. 명확한 컨셉이 없다면 어려운 단계다. 의류업체를 예로 들어 살펴보자.

유니클로(UNIQLO: 중저가 고품질로 패션의 대중화를 선언하여 일본에서 선풍적인 인기를 끌고 있는 브랜드-옮긴이)는 SPA(specialty store retailer of private label apparel)라는 새로운 업태를 전개했다. SPA는 백화점 등의 고비용 유통채널을 피해 대형 매장을 직접 운영하는 새로운 유통업태를 말한다. 이 방식을 통해 비용을 절감하고, 싼 가격에 제품을 공급하며, 동시에 소비자의 니즈를 정확하고 빠르게 집어내어 상품에 반영할 수 있다.

SPA라는 새로운 유통채널을 채택한 유니클로.

　　SPA 기업에서는 기획 개발에서 생산, 판매까지 모두 스스로 처리한다. 유니클로는 양복 제조업체와 도매업에서 업태를 바꾸어 한꺼번에 처리할 수 있는 SPA 기업으로 전환했다. 중국에서 제품을 생산하므로 가격이 저렴하다. 뿐만 아니라 제품 구성을 다양하게 하고, 일용품 감각으로 구매할 수 있는 캐주얼웨어를 시장에 내놓을 수 있었다. 지금은 전 국민이 애용하는 의류 브랜드로 자리잡았다.

　　유니클로의 컨셉은 SPA에 기반을 두고 있으며, 캐주얼을 중심으로 온라인 판매를 전개하고 있다. 마케팅 컨셉은 '캐주얼 다이렉트'다. 평범하게 보이기도 하지만, 유니클로라면 충분히 통용될 수 있을 만한 컨셉이다.

　　한편 전통적인 양복 제조업체인 월드는 다른 방법으로 SPA를

전개하고 있다. 월드는 SPA를 '고객의 요구에 대응하는 신속함'
이라고 생각한다. 월드는 일주일 단위로 상품을 교체한다. 양복
업계에서는 매우 어려운 일이다. 중국에서 생산을 하면 날짜를
맞추기 어렵기 때문에 일본 내에서 생산한다. 당연히 가격은 비
싸질 수밖에 없다. 그러나 일주일 단위로 상품을 교체하면 고객
이 식상해 하지 않고 원하는 상품을 구입할 수 있다는 고객 이익
을 창출할 수 있다.

월드의 비즈니스 모델 컨셉은 '고객 욕구 기반의 초고속 SPA'
인 것이다. 브랜드 세분화와 초고속 SPA가 교차함으로써 시장의
요구에 부응하는 정도가 아니라 시장의 요구를 창조해 나가는 것
이다.

같은 SPA 비즈니스 모델도 비즈니스의 본질을 파악하는 방법에
따라 크게 달라진다. 유니클로나 월드는 '바꾼다'는 점에서는 같
지만 그 축은 명백히 다르다. 사업영역의 재구축과 리모델링은
이 축을 기초로 혁신을 구현하는 과정이다.

:: 컨셉 사고로 혁신 마인드를 기르자

일본 경제의 버팀목이 되어 온 종합상사 K기업의 사례를 살펴
보자. K기업은 근본적인 치료가 필요한 상태다. CEO가 주장하는
혁신의 메시지도 미사여구로 들릴 만큼 공허할 뿐이다. 변화가
필요한 것만은 확실한데도 실현이 안 되는 상황이다. 왜냐하면
컨셉 사고를 하지 못하기 때문이다. 이 회사의 구성원들은 CEO

의 자질이나 회사 조직체계만 탓하는 평론가가 되어 버렸다. 바꿔야 하는 대상이 바로 자신들임을 인식하지 못하는 것이다.

한편 교토에 본사를 두고 있는 일본전산日本電算은 컴퓨터용 초소형 정밀모터 전문 제조업체다. 1973년 회사 창립 이래 '회전하면서 움직이는 물건'에만 특화시킨 결과, PC 하드디스크용 모터 분야에서 전 세계 시장점유율 70퍼센트를 자랑하고 있으며, 최근 여러 비즈니스 잡지에서도 언급되는 등 주목을 받고 있다. '세계 시장점유율 70퍼센트'라는 성과뿐만 아니라 비즈니스 본연의 자세도 유지하고 있다. 이 회사의 직원들은 개개인이 현장에서 혁신을 일으킬 수 있는 실행 능력을 육성하고 있다.

사장인 나가모리 시게노부永守重信는 대기업이 정리한 22개 회사를 매수하여 재건하는 데 성공했다. 매수 후에 간부 이하 단 한 명의 직원도 교체하지 않았다. 그 비결은 '의식의 혁신'이었다. 사장은 직원들에게 비즈니스의 본질을 추구하는 인간으로서, 그리고 비즈니스맨으로서의 기본을 다시 한 번 학습하게 했다.

사업영역의 재구축과 리모델링은 개개인이 현장에서 컨셉 사고로 비즈니스 본질을 탐구할 것을 요구하고 있다. 일본전산 모델의 컨셉은 '현장을 기반으로 한 일상적인 혁신, 즉 열심히 일해서 목표를 달성한다'는 것이다.

컨셉 잡기
• • • •

컨셉 트리를 이용한 사업영역과 비즈니스 모델 평가

:: 컨셉 트리는 혁신의 시나리오다

이제 사업영역과 비즈니스 모델을 컨셉 사고로 재검토해 보자. 재검토를 위한 평가는 컨셉 트리를 사용한다. 컨셉 트리는 현재 사업을 평가하고 미래에 어떻게 변화해 갈 것인지 가설을 검증하는 접근방식이다. 컨셉 트리는 혁신의 방식, 즉 혁신 시나리오라고 할 수 있다.

다음은 현재의 사업영역, 비즈니스 모델을 재검토하기 위한 컨셉 트리의 세 가지 기본 조건이다.

- 목표와 기능으로 비즈니스를 규정한다.
- 상황과 이익으로 비즈니스의 영역을 넓힌다.
- '~다움'과 숙고를 통해 옵션을 평가한다.

4장의 서두에서 소개한 아이리스 오야마의 사례를 중심으로 살펴보자.

:: 목표와 기능으로 사업을 재정의한다

컨셉 트리의 시작은 목표 설정이다. 혁신의 방식도 목표를 설정하는 것에서 시작된다. 아이리스 오야마를 비롯해 델, 아스클, 아마존 등의 사례에서 보았듯이 '고객에게 어떤 이익을 제공할 것인가?'라는 질문이 컨셉 사고, 혁신 프로세스의 목표가 된다.

목표는 개괄적으로 파악한다. 목표 고객이 일반 소비자라면 취미, 자동차, 직업, 가족구성원, 주거 환경, 휴가 때 무엇을 하는지 혹은 자주 읽는 잡지는 무엇인지에 초점을 맞춘다. 기업일 경우에는 규모, 사업영역, 서비스 체계, 업종, 업태, 전략 등에 초점을 맞춘다. 가능하면 겉으로 드러나지는 않지만 목표 속에 잠재해 있는 이익을 탐구해야 한다.

아이리스 오야마를 비롯해 대부분의 기업들은 소비자를 목표 고객으로 삼는다. 사이버 시장으로 불리는 온라인 쇼핑몰의 목표 고객은 쇼핑몰에 점포를 개설한 사람과 소비자 모두다. 즉 목표 고객으로 사업을 전개할 시장의 구조를 규정해야 한다.

그 다음은 기능을 파악한다. 기능은 상품 구조, 수익 구조, 채널 구조 등으로 나뉜다.

상품 구조는 상품을 고루 갖추는 것이다. 어떤 목표에 어떤 상품을 최적화할 것인가? 상품이 아니라 목표(윤곽)가 우선이다.

수익 구조의 주요인은 가격이다. 개발 비용을 따져보고 가격을 책정하면 안 된다. 어디까지나 상품, 서비스의 부가가치를 객관적으로 파악해서 가격을 어느 정도 책정해야 소비자가 구매할 것인지 따져 보는 사고방식이 필요하다. 가격을 가능한 한 낮게 책정하려면 생산 비용을 크게 낮추어야 하고 손익분기점을 넘길 만큼의 상품을 팔아야 한다.

아이리스 오야마는 제조업체이므로 상품 개발 비용에 의해 가격이 크게 좌우된다. 따라서 잘 팔릴 만한 가격으로 상품 개발 구조를 바꾸어야 한다는 가설이 나오기도 한다.

채널 구조란 유통 경로를 말한다. 아이리스 오야마는 상품을 직접 만들기 때문에 어떤 채널로 상품을 제공할지가 중요한 테마가 된다. 소매라면 어디에서 구매할 것인가? 도매라면 어디에서 사 들여서 어디로 납품할 것인가? 이 때 채널을 구성하는 상대는 모두 비즈니스 파트너가 된다. 따라서 컨셉을 공유할 수 있는지 없는지 규명해야 한다.

아이리스 오야마는 도매업이라는 유통 경로가 제안형 상품을 생산하는 자사의 컨셉과 맞지 않는다고 판단했다. 오히려 자사의 컨셉에 방해가 된다고 생각한 것이다. 그래서 이들은 직접 소매로 상품을 제공한다는 가설을 설정했다. 그리고 이 시점에서 자신을 어떻게 바꾸어 갈 것인지에 대한 가설을 세웠다. 이것이 혁신 프로세스의 시초다.

∷ **상황과 이익으로 사업의 영역을 넓힌다**

　상황과 이익을 파악하는 것은 비즈니스 컨셉 설정에서 가장 중요한 단계다. 혁신을 위한 가설을 규명하는 단계이기 때문이다. 이 단계에서 고객의 잠재적인 욕망, 즉 욕구wants를 탐구한다. 겉으로 드러난 요구needs와 달리 욕구는 수많은 패턴으로 생각해 볼 수 있다. 이 때가 바로 사업의 영역을 넓히는 결정적인 순간이다.

　컨셉은 고객의 욕구를 생각하는 것이 중요하다. 아이리스 오야마는 바로 이 욕구에 눈높이를 맞추었다. 단순히 필수품이란 점에서 생각한 것이 아니라 고객이 일상생활에서 느끼는 불만, 마음과 건강의 부족함에 초점을 맞추었다. 이것이 바로 욕구의 축이다.

　이 축을 생각하는 데에는 목표, 즉 고객의 상황과 그 상황에서 고객의 이익을 찾아내는 작업이 필요하다. 예를 들면 아이리스 오야마의 히트 상품인 클리어 수납 상자는 '정리한다'는 개념이 아니라 '찾는다'라는 상황에서 창출된 것이다. 이 상자는 투명한 플라스틱으로 되어 있어 뚜껑을 열지 않아도 상자 속에 넣어둔 물건이 보인다. 즉 '찾는 수고를 덜 수 있다'는 것이 상품 개발의 컨셉인 것이다.

　투명한 수납 상자는 지금은 기본 아이템이 되었지만 개발 당시 도매상은 이런 종류의 상품 개발을 반대했다. 수납 상자는 안이 보이지 않는 것이라고 단정했기 때문이다. 아이리스 오야마는 '이래서야 어디 팔리겠는가? 도매상이 물건을 받아 주지 않는다면 재고가 늘어나는 것은 뻔하다'고 생각했다.

결국 직접 팔 수밖에 없다고 생각한 그들은 제안형 상품을 유통할 수 있는 시장을 창출하는 사업을 실행에 옮겼다. 상품 개발의 축이 그들의 영역과 비즈니스 모델을 바꿀 만큼 본질을 꿰뚫고 있었던 것이다.

∷ '~다움'으로 옵션을 평가한다

생활제안형 상품이란 말 그대로 생활에 필요한 것을 제안하는 성격을 띤 상품을 말한다. 예를 들어 인테리어 소품, 가구, 수납상자, 애완동물 용품, 자동차 관련 용품, 공구, 사무용품, 정원 손질도구, 레저용 물품 등이다. 아이리스 오야마는 아직 시장이 형성되어 있지 않은 생활제안형 상품을 판매하는 사업영역을 창출했다. 그 비즈니스 모델이 바로 기획·제조·유통을 일체화한 메이커벤더다. 물론 아직 상황과 이익을 객관적으로 판단하여 상품을 개발하는 컨셉 축과는 조금 거리가 있다.

그리고 아직 고려해야 할 옵션이 몇 가지 더 있다. '정말 유통까지 스스로 할 수 있을 것인가? 소매도 직접 하는 게 좋을까? 제조사로 남아 있으면서 더 우수한 물류 파트너와 손을 잡는 게 어떨까? 제안형 상품을 어떻게 개발해 나갈 것인가? 어디에서 생산재를 조달할 것인가? 어디에서 만들 것인가?' 등이다.

여기에서 '~다움'이 필요해진다. '~다움'이란 핵심 역량이다. 소비자를 포함한 시장 전체에게서 받는 평가다. 그러나 또 한

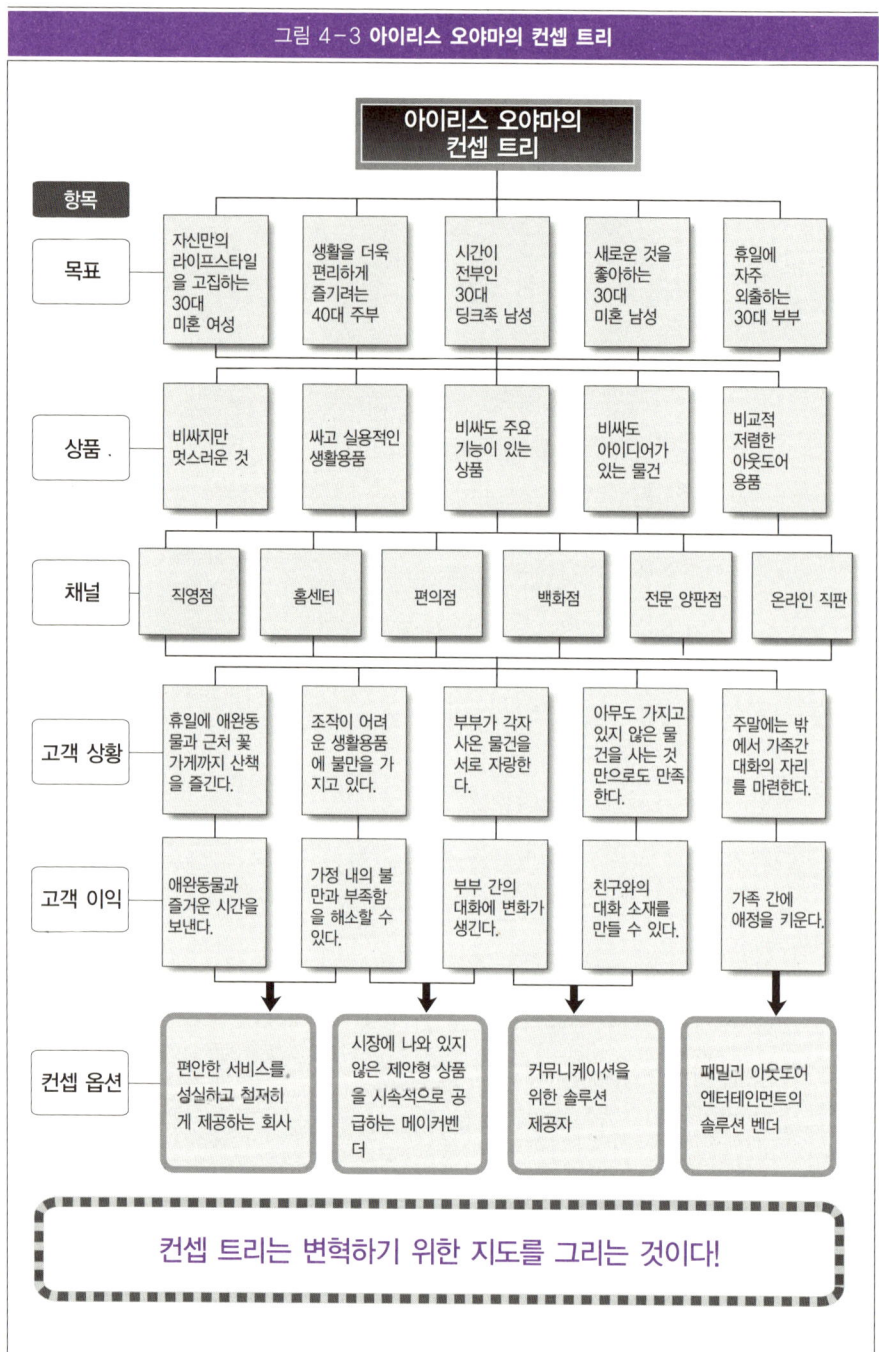

그림 4-3 **아이리스 오야마의 컨셉 트리**

편으로는 평가에 좌우되지 않는 의지, 꼭 그렇게 되어야 한다는 강한 의지이기도 하다.

아이리스 오야마의 '~다움'은 상품 개발의 축 자체에 있다. 고객은 그것을 선택해서 구매하는 것이다. 제조와 판매가 일체화된 효율적인 비즈니스로 저렴한 상품을 만들어 파는 것이 '~다움'은 아니다. 도매상은 제안형 상품이 내키지 않았지만, 소매상은 자신의 점포가 차별성을 갖게 될 수 있다는 것 때문에 이를 크게 반겼다. 특히 편의점이나 동네의 작은 구멍가게에서는 차별성 있는 상품을 원했다. 또 소매점은 상품 개발에 필요한 고객 정보 파악에도 도움을 주었다.

지속적인 판매를 위해서는 스스로 유통 노하우를 쌓아야 한다. 어떻게 해서든지 스스로 벽을 뛰어넘어야 한다는 뜻이다. 여기서 '어떻게 해야 제안형 상품을 계속 팔 수 있을 것인가'라는 컨셉 가설이 떠오른다. 이것이 아이리스 오야마의 옵션 평가의 핵심이다(그림 4-3).

비즈니스 모델에서 컨셉 사고는 프로세스에 있다. 컨셉 트리는 비즈니스 모델의 혁신 프로세스 그 자체라고 해도 좋다. 즉 사업 영역과 비즈니스 모델을 재검토하기 위한 컨셉 트리란 변혁하기 위한 지도를 그리는 것이다.

컨셉 잡기
● ● ● ●

컨셉 매트릭스를 활용한 비즈니스 모델의 컨셉 개발

:: 컨셉 매트릭스로 비즈니스 모델의 미래상을 그려라

컨셉 매트릭스를 이용해 비즈니스 모델 컨셉을 개발하는 방법에 대해 살펴보자(그림 4-4).

비즈니스 모델 컨셉을 개발하는 컨셉 매트릭스는 다음과 같다.

① 요소 정리 단계에서 목표를 기점으로 한 비즈니스 모델의 요소를 끄집어낸다.
② 고객 관점 단계에서 상황과 이익으로 혁신의 축을 결정한다.
③ 본질 숙성 단계에서 최적의 실천과 실행가능성 연구로 실현가능성에 깊이를 더한다.
④ 핵심 메시지 단계에서 '~다움'을 통해 본질을 압축한다.

컨셉 트리는 비즈니스 모델 혁신을 위한 가설 검증 프로세스다.

그림 4-4 컨셉 매트릭스를 이용한 비즈니스 모델의 컨셉 개발

〈컨셉 매트릭스의 평가 포인트〉

		테마	평가 포인트
요소 정리	문제의식	목표	고객은 누구인가? 무엇을 요구하는가?
		기능	무엇을 제공해야 하는가?
	목적의식	목표	누구에게 팔고자 하는가?
		기능	무엇을 제공하고자 하는가?
고객 관점	상황	현장에서의 듣기·관찰하기 비즈니스 아이디어의 가설화·검증	객관적인 현장 감각에 의한 검증
	이익		
본질 숙성	풍부화	최적의 실천과 실행가능성 연구	현실과의 괴리로 인한 해결 과제
	옵션	혁신 시나리오	실현가능성을 느끼는가?

핵심 메시지	'~다움'에 의한 압축

〈아이리스 오야마의 컨셉 매트릭스〉

요소 정리	생활을 더욱 편리하게 즐기려는 자녀 한 명을 둔 40대 주부 알뜰한 주부형의 싸고 풍부한 생활용품
고객 관점	사용하기 어려운 생활용품에 항상 불만을 가지고 있다. 가정 내의 불만이나 부족함을 해소할 수 있다.
본질 숙성	제조에서 중간 과정을 생략하고 소매점으로 직접 납품한다.
핵심 메시지	시장에 나와 있지 않은 제안형 상품을 지속적으로 제공하는 메이커 벤더

> 비즈니스 모델의 컨셉 매트릭스는
> 비즈니스 모델의 미래상이다!

제4장 비즈니스 모델의 컨셉

또 컨셉 매트릭스에서 중요한 것은 컨셉 트리로 검증된 비즈니스 모델의 미래상, 즉 결론이다. 결론이 바로 비즈니스 모델의 컨셉이다.

:: 요소 정리: 목표를 중심으로 비즈니스 모델의 요소를 정리하라

요소 정리 단계에서는 목표를 축으로 비즈니스 모델의 요소를 끄집어낸다. 즉, 비즈니스 아이디어를 정리하는 것이다.

세로축에 기능, 가로축에 목표를 둔 매트릭스가 가설의 영역이 된다. 그리고 이 영역에서 문제의식과 목적의식을 기본 축으로 하여 요소를 추출한다.

가로축의 목표에서는 문제의식으로서 '고객은 누구이며 무엇을 요구하고 있는가'를 생각한다. 아이리스 오야마처럼 '개인이 고객이라면 어떤 세대인가? 어떤 라이프스타일을 갖고 있는가? 평소에 무엇을 생각하고 있는가? 기업이 고객이라면 경영에 어떤 문제를 안고 있는가? 그리고 목적의식은 무엇인가? 누구에게 무엇을 팔고자 하는가?'를 생각하는 것이다.

세로축의 기능에서는 문제의식으로서 '무엇을 제공해야 하는가'를 고민한다. 목적의식으로서는 '무엇을 제공하고자 하는가'를 생각한다. 단순히 매출을 올린다는 생각만 해서는 안 된다. 신뢰와 만족도 중요한 지표다. 이것을 얻기 위한 구조로 어떤 것이 있을 수 있는지 고민해야 한다.

기능과 목표의 교차점에서 어떤 사업 아이디어가 있는지 결론을 도출해낸다. 기존의 틀을 벗어나 기능과 목표를 서로 조합하면서 요소를 추출한다.

:: **고객 관점: 고객 상황과 고객 이익으로 혁신의 축을 결정하라**

고객 관점을 추출하는 축은 '현장 감각'이다. 현장 감각을 익히는 일은 자칫 주관적이기 쉬우므로 객관적으로 파악하도록 노력해야 한다. 현장에서 보고 듣고 느낀 것들을 바탕으로 가설을 세우고 검증하는 일을 되풀이하면서 기본 축을 세운다. 그리고 그 기본 축에서 상황과 이익, 고객 관점을 추출한다.

이렇게 고객 관점을 추출해 비즈니스의 본질에 가까이 다가간다. 이것이 바로 혁신의 분기점이 된다. 만약 본질에 가까워질 수 없다면 혁신은 아직 먼 일이다. 아이리스 오야마는 고객이 원하는 이익을 위해 비즈니스 모델을 바꾸었다.

'퀴큰Quicken'이라는 가정용 회계 소프트웨어 패키지를 개발·판매하며 ASP(응용 서비스 제공자)까지 전개하고 있는 인튜잇Intuit의 사례를 살펴보자.

인튜잇의 직원은 고객의 집에 직접 찾아가 소프트웨어 설치부터 사용 방법까지 자세히 알려주고, 고객이 말하는 내용은 자세히 메모를 한다. 언제 어떤 문제가 발생했는지, 어떤 불만이 있으며 불만이 될 만한 것은 무엇인지 상세히 조사한다.

이렇게 조사한 고객 정보와 현장 정보를 바로 개발자에게 전달해 개선한다. 인튜잇의 미국 시장점유율이 80퍼센트를 넘는 것은

가정용 회계 소프트웨어라는 새로운 컨셉으로 접근한 인튜잇의 '퀴큰'

이런 이유 때문이다. 마이크로소프트도 이 영역에서만큼은 참패했다.

이처럼 현장 감각에서 답을 찾아내는 것이 비즈니스 모델의 시작이다. 밖으로 나가 보라. 거리에서 오가는 사람들을 관찰해 보라. 발로 뛰면서 목표가 될 만한 고객의 데이터를 수집하라. 고객 경험의 기본 축이 보이기 시작할 것이다. 자신이 먼저 경험하지 않으면 본질에 다가갈 수 없다.

:: **본질 숙성: 새로운 비즈니스 모델의 실현가능성을 높여라**

본질 숙성의 기본 축은 더 높은 객관성을 요구한다. 기본 축은 바로 '실현가능성'이다. 실현가능성은 타협책을 강구하는 것이 아니다. 즉, 실현하려면 어떤 장애가 발생하는지, 장애를 극복하기 위한 과제는 무엇인지 객관적으로 파악해야 한다. 실현하고자 하는 사업과 현재 상황 사이에 어느 정도의 차이가 있는지, 그 차이를 좁히기 위해 현실적으로 대처해야 할 방법이 무엇인지 찾아내는 것이다. 이를 위해 최적의 실천 방법과 실행가능성에 대해 연구한다. 이것이 풍부화다.

　우선 최적의 실천 방법을 찾기 위해 업계와 국가의 틀을 뛰어넘어 어려움을 극복한 사례를 찾아보라. 유니클로는 고품질의 캐주얼웨어를 저렴한 가격에 제공하기 위해 미국 의류업계 1위의 리미티드The Limited의 SPA 방식을 실천했다. 표준화를 위해서는 미국 맥도날드의 사례를 최적의 실천 방법으로 채택했다. 리미티드나 맥도날드는 본질에 다가서기 위해 노력하는 기업들이다. 업종은 다르지만 어떤 기업이라도 이 두 회사처럼 본질 단계까지 다가가면 기업의 목표를 실현할 수 있을 것이다.

　시장에 직접 질문을 던져 보는 것이 바로 실현가능성 연구다. 목표층에 대한 인터뷰와 설문조사를 통해 문제점을 찾아내는 것이다. 이 때 중요한 것은 시장과의 거리감을 좁히는 것이다.

　실현가능성 연구는 가능하면 직접 실행하는 것이 좋다. 흔히 외부의 조사 기관에 의뢰하는 경우가 많은데 직접 조사하는 것을 원칙으로 삼아야 한다. 중요한 현장의 상황을 왜 리서치 기관과 컨설턴트에게 맡기는가? 실현가능성 연구는 그 과정 자체가 풍부화다. 시행착오도 직접 겪고 시장의 목소리도 직접 들으면서 도출한 결과를 토대로 다함께 논의해야 한다.

　마지막으로 옵션을 내놓는다. 그리고 지금까지 나타난 문제를 어떻게 해결할 것인지에 대한 가설을 세 가지 이상 열거한다.

:: 핵심 메시지: '~다움'을 통해 본질을 압축한다

옵션을 어떻게 평가해서 하나로 압축할 것인가? 마지막으로 '~다움'과 숙고 단계를 거쳐야 한다. '~다움'은 객관적으로 자신이 실행해야 하는 것인지, 아니면 시장이 수용할 것인지에 대한 평가다. 즉, 차별적 우위성에 대한 평가인 것이다.

아이리스 오야마는 '가정에서의 불만을 해소하기 위한 아이디어 상품을 지속적으로 제시한다'는 옵션을 평가했다. 사업영역은 '주부의 불안감 해소를 위한 가정 솔루션 벤더'다.

이를 위해 업태의 혁신, 철저한 개발 강화를 위한 마케팅 그룹과 개발 그룹이 서로 기능을 공유한다. 아이리스 오야마는 '~다움'이 있다. 상품 개발에 대한 애착과 고민은 고객에게 그대로 전해진다.

비즈니스 모델의 컨셉은 고객과 공감할 수 있는 메시지다. 그것은 비즈니스 모델에서의 컨셉 사고의 성과이며 비즈니스 모델 혁신의 미래상이다. 이러한 메시지가 사업의 존재 영역, 사업의 방식(비즈니스 모델), 시장의 가치관과 융합할 때 바로 사업 컨셉, 즉 비즈니스의 본질이 되는 것이다.

제5장

전략의 컨셉

성공하는 기업들의 전략은 명료하다
전략 시나리오는 곧 컨셉 시나리오다
컨셉 트리를 이용한 전략 가설 만들기
컨셉 매트릭스로 전략을 수립하는 방법

컨셉 잡기

성공하는 기업들의 전략은 명료하다

:: 전략은 승리하기 위한 컨셉이다

이제 전략의 유무가 기업의 승패를 결정하는 시대가 되었다. 서점의 비즈니스 관련서 코너에는 '전략○○', '○○전략' 같이 전략이라는 단어가 넘쳐나고 있으며, 잡지에서도 전략에 관한 특집 기사가 늘고 있다. 또한 최근 전략 정책에 관한 컨설팅, 또는 연수에 관한 욕구도 많아지고 있다.

1장에서 서술한 거대 금융기관과 종합건설 회사의 최고경영자들의 인사말은 전략의 부재를 나타내는 대표적인 사례들이다. '새로운 가치란 무엇인가? 창조해야 할 부가가치란 어떤 가치인가?'와 같은 말들은 한결같이 구체성이 없고 매우 애매모호하다. 타사와의 차별성을 느낄 수 없고, 어디에서도 그 기업만의 압축된 본질을 찾아볼 수 없다.

비단 기업 경영자뿐만이 아니다. 정치가나 비즈니스맨, 학생들도 자신에 대한 '~다움'과 자신만이 할 수 있는 일에 대해서 자신 있게 제시하지 못한다.

전략이란 '항상 승리하기 위해 명확한 특징을 부여하는 것'이다. 기업의 존재 이유 중 하나는 항상 승리하여 최고의 이익을 달성하는 것이다. 그러기 위해서는 타사와는 다른, 명확한 차별점과 특징을 가진 독창적인 전략이 필요하다.

그렇다면 명확한 특징을 부여할 수 있는 방법은 무엇일까? 바로 '버리고, 단념하고, 압축하는 것'이다. 그런 점에서 볼 때 거품 경제 때 문어발식으로 사업을 확장하던 대기업들이 본업으로 회귀하는 추세는 매우 바람직한 일이다. 시기적으로 늦은 감은 있지만 이제야 압축의 필요성을 깨닫기 시작한 것이다.

압축은 '더 명확하게, 더 본질적으로, 더 자극적으로'라는 개념들을 포함한다. 이를 통해 다른 회사와 명확하게 차별화되고 본질이 압축된 전략을 세울 수 있다. 본질이 압축되면 전략은 컨셉으로 승화된다. 컨셉은 본질이며 특징이다. 애매모호하고 추상적인 전략은 만족스러운 컨셉이 될 수 없다.

예를 들면 새로 생긴 은행의 고객 서비스 컨셉은 '은행에 대한 고객의 불만 해소'다. 전략과 서비스의 발상은 항상 고객의 눈높이에서 비롯되어야 한다. 주된 축은 회사 내에 존재하는 것이 아니라 고객에게 있다. '24시간 365일 수수료가 무료인 ATM 서비스'는 그 전형적인 예라고 할 수 있다. 이는 분명 신생 은행의 컨셉이라고 할 수 있다. 차별성이 있고 특징적이기 때문이다.

증권업계의 풍운아로 불리는 마츠이松井증권의 사례를 살펴보

자. 2대 사장인 마츠이 미치오는 '고객과 영업직원은 사적인 신뢰관계를 구축하는 것이 바람직하다'는 전통적인 영업 방식을 타파함으로써 업계에 신선한 자극을 주었다. 온라인 거래로 특화한 마츠이증권은 영업직원이 필요 없어지자 본사를 제외한 모든 지점을 폐쇄했다. 이것이 바로 압축이다. 버리고 단념하는 일을 주저 없이 실행함으로써 '~다움'과 '자신만이 할 수 있는 일'이라는 뚜렷한 차별성을 움켜쥔 것이다. 전략을 컨셉으로 승화하기 위해서는 단호한 결단이 필요하다.

:: 성공하는 기업의 공통적인 특징은 명료한 전략 컨셉에 있다

경기 불황을 극복했다고 생각되는 기업을 떠올려 보자. 도요타, 혼다, 아사히맥주, 세븐일레븐, 가오花王, 리코, 캐논, 야마토운송, 오릭스 등을 떠올릴 수 있을 것이다. 이 기업들은 경기 침체 속에서도 승승장구하며 고수익을 내고 있는 세계적인 흑자 기업들이다.

그렇다면 이 기업들의 최고경영자가 어떤 말을 하는지 살펴보자. 공식적인 기자회견, 홈페이지의 인사말, 잡지 인터뷰 등 이들의 말과 행동은 모두 '명료하다'는 공통점이 있다. 여기서 말하는 명료함이란 세계적인 흑자 기업의 경영자로서 명확한 정책을 가지고 있다는 의미이다. 물론 논리적인 사고라는 의미에서의 명료함도 포함된다.

또 숙고, 집착과 같은 경영의 본질, 즉 컨셉이 있다. 그래서 타사와 구별되는 명확한 차별성이 있고 우위성이 있다. 예를 들면 비즈니스 잡지에서 정보를 수집하는 사람이라면 비록 기업명과 사진이 실려 있지 않아도 인터뷰 내용만 보고 '이것은 ○○사의 ○○사장이군' 하고 알 수 있을 것이다. 이들은 어느 회사에나 적용될 만한 진부한 미사여구를 늘어놓는 경영자와는 근본적으로 다르다.

앞서 강조한 것처럼 한 회사의 경영자가 하는 말에는 타사와는 구별되는 명확한 차별성과 우위성이 있다. 즉 컨셉이라는 본질이 압축되어 있는 것이다. 따라서 설득력이 있고, 누구나 쉽게 납득할 수 있다. 이 기업들은 최고경영자는 물론 기업의 전략이 컨셉으로 승화되어 있다.

명석한 경영자가 있는 기업은 미션, 비전, 전략이 명료하다. 전략이 명료하면 상품과 서비스도 명료해지기 때문에 고객이 쉽게 받아들일 수 있다.

명료한 컨셉으로 마케팅에 성공한 조프Zoff 안경점의 사례를 살펴보자. 2001년 2월 시모키타자와(下北驛, 젊은이에게 인기 있는 패션거리)에 조프 1호점을 개점했을 때 안경을 사려는 사람들의 행렬이 끊이지 않아 화제를 불러일으켰다. 'Zoff'는 알파벳의 마지막 철자인 'Z'와 할인이라는 뜻을 가진 'off'의 합성어로 '가장 저렴한 가격'이라는 뜻이다. 2002년 봄까지 조프의 점포 수는 7개로 늘어났다.

조프의 컨셉은 '매일 최저 가격으로 제공하는 캐주얼 안경'이다. 조프 안경은 독자적으로 디자인한 상품을 기획, 생산하는 것은 물론 판매까지 모두 자사에서 담당하고 있다. SPA로 철저하게 대응한 이 회사는 '안경업계의 유니클로'라고 불린다.

이 회사의 안경 가격대는 5,000엔, 7,000엔, 9,000엔의 3가지뿐이다. 200종의 디자인에 각각 6가지 다른 색상으로 만든 1,200종의 안경을 구비하고 있으며, 소비자가 식상하지 않도록 매월 신제품을 출시한다.

조프는 '안경은 비싸다'라는 상식에 정면으로 도전했다. 조프 홈페이지에는 이러한 사실이 명확하게 나타나 있다. 조프의 경영자는 '안경은 왜 비싸야 하는가'라는 시장에 대한 의문이 조프를 낳은 에너지가 되었다고 말한다. 상식을 뒤엎고 고품질의 저렴한 안경을 고객에게 제공하는 것이 바로 조프의 미션이다.

또 미션, 컨셉, 상품, 가격 책정 등에서 나타나는 일관성은 다름 아닌 명료함이다. 안경은 단순히 쓰는 것이 아니라 장식이라는 제안에 젊은이들은 공감했고, 결국 조프는 안경의 지위를 패션으로까지 끌어올린 컨셉이 강한 기업이 되었다.

:: 컨셉에 강한 기업은 직원의 컨셉도 강하다

앞에서 컨셉에 강한 경영자가 이끄는 기업은 미션, 비전, 전략 컨셉이 강하다고 했다. 전략적 컨셉에 강한 기업은 조직과 직원의 컨셉도 강하다. 여러분의 조직과 직원의 컨셉 정도를 체크해 보기 바란다(그림 5-1).

컨셉이 강한 직원, 즉 차별성과 '~다움'이 있고 자신만이 할

그림 5-1 컨셉이 있는 사람과 컨셉이 있는 조직

	컨셉이 있는 사람	컨셉이 없는 사람
사고·의식	• 긍정적이다. • 자신감이 있다. • 정책이 명확하다. • 집착한다.	• 부정적이다. • 자신감이 없다. • 정책이 명확하지 않다. • 집착하지 않는다.
언동·기량	• 목소리가 크다. • 주체적이다. • 목적의식을 가지고 대처한다. • 사물의 본질을 파악하려 한다.	• 목소리가 작다. • 수동적이다. • 목적의식 없이 대처한다. • 사물을 오직 표면적으로만 이해한다.

본질적이고 명료함!   본질적이지 못하고 명료하지 않음!

	컨셉이 있는 조직	컨셉이 없는 조직
미션·비전	• 차별적인 미션·비전. • 최고경영자의 사고가 주입되어 있다. • 직원에게 침투하고 있다.	• 어디에나 있는 흔한 사명·비전. • 최고경영자의 지식이 주입되어 있다. • 직원이 이해하지 못한다.
전략·계획	• 구체적이다. • 명확한 특징이 있다. • 압축되어 있다. • 전략이 계획에 포함되어 있다.	• 추상적이다. • 특징이 없다. • 이것저것 모두 포함한다. • 전략과 계획이 단절되어 있다.
관리·업무	• 전략과 계획을 이해하고 있다. • 활기 있는 직장. • 직원이 주체적으로 대처한다.	• 전략과 계획을 이해하지 못한다. • 활기 없는 직장. • 지시만 할 뿐 생각하게 하지 않는다.

수 있는 일을 명확하게 알고 있는 직원으로 구성된 기업은 과연 어디일까? 일본 광고업계를 이끌어가는 덴츠電通를 꼽을 수 있다. 덴츠의 직원은 사물을 보는 견해나 패션 등 개성이 뚜렷하다. 언뜻 보기에도 광고업계에 종사하는 사람이라는 것을 한눈에 알 수 있는 독특한 분위기를 가지고 있다.

4대 덴츠 사장인 요시다 히데오吉田秀雄는 덴츠의 직원으로서, 그리고 광고업계에 종사하는 사람으로서 지켜야 할 자세를 '도깨비 10원칙'으로 정리했다. 이 회사 직원들은 모두 도깨비 유전자를 가지고 있다. 이 원칙은 시대가 변한 지금도 덴츠의 행동규범으로 굳게 정착되어 있다(그림 5-2).

긴자銀座를 무대로 활약하는 '덴츠맨'과 어깨를 나란히 할 만큼 컨셉이 강한 직원이 모인 또 다른 곳은 리쿠르트Recruit다. 리쿠르트는 취업전문 회사지만, 현재는 구직, 이직, 진학, 자격증, 취미, 여행, 자동차, 주택, 결혼 등 생활의 모든 영역을 다루는 사업을 하고 있다. 리쿠르트의 직원에게는 다음과 같은 공통적인 특징이 있다.

- 말이 빠르다.
- 두뇌 회전이 빠르다.
- 성격이 매우 밝다.
- 자신감이 넘치며 긍정적이다.
- 어떻게 팔 것인지 항상 고민한다.
- 매우 활동적이다.

> **그림 5-2 덴츠의 도깨비 10원칙**
>
> 1. 일은 주어지는 것이 아니라 스스로 만들어내는 것이다.
> 2. 일이란 수동적으로 따르는 것이 아니라 앞서서 진행해 가는 것이다.
> 3. 큰 일에 도전하라. 작은 일은 자신을 작게 만든다.
> 4. 어려운 일에 도전하라. 이것을 성취할 때 발전할 수 있다.
> 5. 일단 도전하면 도망치지 말라. 목적을 완수할 때까지 절대로 포기하지 말라.
> 6. 주위를 이끌어 나가라. 이끄는 것과 이끌리는 것은 천지 차이다.
> 7. 계획을 세워라. 장기적인 계획을 갖고 있으면 인내와 연구, 올바른 노력과 욕구가 생긴다.
> 8. 자신감을 가져라. 자신감이 없으면 일을 수행할 때 박력과 끈기, 깊이가 없다.
> 9. 머리는 항상 회전시키고 다방면에 고루 신경을 써라. 1분의 간격도 놔두지 마라. 서비스란 그런 것이다.
> 10. 마찰을 두려워하지 마라. 마찰은 진보의 어머니이자 적극성을 발전시키는 비료와 같다.

예전에는 리쿠르트 직원 책상마다 '스스로 기회를 창출하고, 기회에 따라 스스로 변화하라'는 메시지를 적은 금속판이 붙어 있었다고 한다.

덴츠의 도깨비 10원칙과 리쿠르트의 이러한 메시지의 공통점은 직원에게 주체성을 요구하고 있다는 것이다. 직원이 주체적으로 생각하고 행동하기를 기대하는 것이다.

산토리의 '해보아라'라는 기업 풍토도 유명하다. 이는 창업자인 도리이 신지로鳥井信治郎가 자주 했던 말인데, 직원의 주체적인 행동을 요구하는 말이다.

또 도요타에는 '왜?'라는 질문을 다섯 번씩 하는 풍토가 있다. 직원에게 주체적으로 생각하는 습관을 길러주기 위해서다. 그리고 이것이 기업의 유전자로 정착하여 기업의 풍토로 승화되었다.

지금까지 살펴보았듯이 최고경영자의 신념, 사명과 비전, 행동기준 등 컨셉이 뚜렷한 기업에서는 직원도 컨셉이 뛰어나다. 즉 이것들이 기업 활동의 전체를 관통하는 축으로 조직과 개인에게 영향을 미치는 것이다.

도요타의 직원을 흔히 긴타로아메金太郎飴(어느 곳을 자르든 붉고 통통한 아이 얼굴 같은 단면이 나오는 가락엿. 긴타로는 친절하면서 남성다운 기개를 가진 남자를 뜻한다—옮긴이)에 비유한다. 긴타로아메는 '획일적'이라는 뜻이 있지만, 여기서는 부정적인 의미로 쓰는 것이 아니라 '위기감, 긴장감, 주체성, 도전정신'이라는 축을 모든 직원이 공유하고 있다는 뜻이다. 그래서 컨셉으로 통합된 모든 직원을 흔히 긴타로아메에 비유한다.

컨셉이 강한 직원을 육성하려면 먼저 기업에 컨셉이 있어야 한다. 물론 기업과 직원을 연결하는 축인 전략에도 컨셉이 있어야 한다는 것은 말할 것도 없다.

컨셉 잡기
• • • •

전략 시나리오는
곧 컨셉 시나리오다

∷ **전략의 핵심은 진심에 있다**

　니혼TV가 방영하는 '돈의 호랑이'라는 프로그램이 있다. 원래 심야에 방송되었지만, 시청자의 호응에 힘입어 황금시간대에 편입된 투자 버라이어티 프로그램이다. 구성 방식은 매우 단순하다. 소자본 사업계획을 갖고 있는 일반 신청자가 희망액수를 제시하고 자수성가한 사업가 5명이 사업성 여부에 대한 질문 공세를 한 후 타당성이 있다고 판단되면 즉석에서 현금을 건네준다.
　이 때 면담과 출자를 검토하는 사람들을 '돈의 호랑이'라고 부른다. '돈의 호랑이'는 개성적인 아이디어와 재능으로 성공을 거둔 사장 집단과 각 업계의 대표 등으로 구성된다. 출연자가 자신의 사업 계획과 열정을 이들에게 보여주고 동의를 얻어내면 자금의 전액 또는 일부를 그 자리에서 현금으로 투자받을 수 있다. 투자액은 수백만 엔에서 수천만 엔에 이른다.

물론 출연자는 전문가가 아니므로 전략적인 프레젠테이션을 전개하기 어렵다. 그래서 호랑이의 이빨에 가차 없이 나가떨어지는 경우도 많다.

그러나 호랑이 역시 투자전문가는 아니다. 때문에 투자 판단의 기준이 반드시 전문가의 관점과 일치하지는 않는다. 그렇다면 이들은 어떤 기준으로 투자 여부를 판단하는 것일까?

소프트온디맨드 주식회사의 대표이사인 다카하시 가나리高橋がなり의 판단 기준을 살펴보자. 이론파 유형의 호랑이인 그는 전략에 대한 점검이 지극히 이론적이다. '왜? 어째서? 그것이 최선책인가? 다른 방법은 검토해 보았는가? 경쟁 우위성은 무엇인가?'라는 날카로운 질문을 던진다. 이런 질문에 무릎을 꿇은 출연자도 적지 않다.

그러나 다른 호랑이들이나 다카하시 모두 최종적으로 출연자를 평가하는 기준은 비슷하다. 즉 비즈니스로서의 전략은 의심스럽더라도 열정이 있는지 없는지를 판단하는 것이다.

비즈니스 세계에서 전략의 중요성은 두말할 필요도 없다. 그러나 전략으로는 설명할 수 없는 의지가 필요하다. 아무에게도 지지 않겠다는 정열과 진심이 가장 중요한 것이다. 전략의 기본은 진심이다. 진심은 진정으로 맞서서 싸우려는 자세다. 이러한 본질이 결여된 전략은 전략이 아니다.

:: 명료한 시나리오는 소비자의 공감을 불러일으킨다

TV드라마 '미토 코몬(水戶黃門, 한국의 암행어사와 같은 내용—옮긴이)'의 컨셉은 권선징악이다. 미토 코몬은 각 마을을 돌아다니며 산전수전을 다 겪지만 결국에는 허리에 찬 인롱(印籠, 도장이 들어 있는 작은 상자로서 미토 코몬의 상징. 암행어사가 가지고 다니는 마패와 같은 것—옮긴이)이 등장한다. 미토 코몬인 도쿠가와 미츠쿠니德川光國가 '이것이 보이지 않느냐!' 하며 인롱을 내보이면서 죄인에게 호통을 치면 시청자는 희열을 느낀다.

줄거리를 다 알고 있음에도 불구하고 마지막에 통쾌함을 느끼는 이유는 무엇일까? 그것은 안도감이다. 즉, 내용 전개가 뻔하고 결말을 다 드러낸 시나리오는 보는 사람에게 일종의 안도감을 주는 것이다.

유명한 TV애니메이션 '도라에몽 ドラえもん'도 전형적인 시나리오를 가지고 있다. '주인공 남자아이 노비타가 어려움에 처하면 반드시 도라에몽이 나타나 도와준다'는 구성으로 사건이 해결되는 것이다. 어떤 일이 있어도 결국 도라에몽이 도와준다는 것을 알고 있기 때문에 아이들은 안심하고 노비타를 지켜본다.

아이들이 기대하는 것은 스토리보다는 도라에몽이 어떤 방법으로 노비타를 돕는가, 도라에몽의 주머니에서 어떤 무기가 나올 것인가 하는 것이다. 아무리 어려운 상황에 처해도 마지막에는 반드시 도라에몽이 도와준다는 명료한 시나리오는 '미토 코몬'과 일맥상통한다.

아츠미 키요시渥美清의 '백수 도라 씨' 시리즈(일본 전역을 떠돌아다니는 방랑자를 묘사한 드라마—옮긴이)도 동일한 메시지를 전한다. 주인공은 사랑을 성취할 듯하지만 결국은 실연당하고 새로운 여행을 떠난다. 그러나 그의 곁에는 항상 사쿠라가 있다는 안도감이 있다. 이 드라마의 컨셉은 바로 '마지막에 느끼는 안도감'이다. 단순하고 명료한 컨셉에서 우리는 일본인의 정서적인 본질을 찾을 수 있다.

기업의 전략 컨셉에도 이런 구조가 필요하다. 앞서 말한 안경점 조프가 전형적인 예다. 최고 품질의 최저가격, 캐주얼 안경, 3가지 가격대 등 모든 것이 단순하고 명료하다. 명료하기 때문에 통용될 수 있는 것이다.

명료함은 그것만으로도 충분히 컨셉이라고 할 수 있다. 캐주얼 상품에서는 명료함과 단순함이 히트 상품을 만들어내는 핵심 요소가 된다. 유니클로나 스타벅스도 마찬가지다. 컨셉은 단순하고 명료하다.

∷ **차별성과 우위성이 시나리오의 신수다**

미국의 프로레슬링 단체 WWE(세계레슬링연합)는 회장은 빈스 맥마흔Vince McMahon, CEO는 그의 아내 린다 맥마흔Linda McMahon으로 혈연 기업이다. WWE는 1999년에는 나스닥에, 2000년에는 월스트리트에 주식을 공개했다.

WWE의 프로레슬링은 기존 프로레슬링의 범주를 초월한다. 그들은 스스로 '엔터테인먼트 레슬링'이라고 말하고 있고, 단순한 격투기만을 보여주지 않는다. 각 시합마다 유명한 시나리오 작가가 쓴 주도면밀한 시나리오를 준비한다. 경기는 시나리오에 따라 전개된다. 그들은 '프로레슬링은 엔터테인먼트이기 때문에 시나리오가 필요하다'고 주장한다. 이러한 명료함이 바로 엔터테인먼트다. 관객들도 '짜고 한다'는 사실을 잘 알고 있지만 그저 열광적으로 즐긴다.

WWE의 시나리오 중 하나를 살펴보자. 사장인 빈스는 인기 여자 레슬러인 스테파니의 아버지다. 어느 날 스테파니가 생중계 시합 도중에 납치를 당한다. 며칠 후 이것이 빈스의 아들인 셰인의 소행임이 밝혀진다. 셰인이 아버지 빈스에게서 WWE의 전권을 빼앗기 위해 반기를 든 것이다. 그런데 셰인은 '이 납치극에는 흑막이 있다'고 폭로한다. 결국 흑막의 정체는 빈스로 밝혀졌다. 즉 아버지가 아들과 공범이 되어 딸을 납치한 것이다. 사실 이 사건은 빈스와 셰인이 적대 관계에 있는 오스틴에게 빼앗긴 WWE의 챔피언 벨트를 되찾기 위해 꾸민 장대한 연극이었다. 이 사건으로 화가 난 사람은 빈스의 아내이자 셰인과 스테파니의 어머니인 린다였다. 린다와 스테파니는 자신들이 보유한 WWE의 주식 50퍼센트를 오스틴에게 양도한다는 전대미문의 결단을 내린다. 그리고 의기양양한 오스틴은 'WWF 본사 직원은 근무 중에 맥주를 마셔도 좋다'는 엉뚱한 사훈을 발표한다. 결국 맥마흔 가족은 수렁 속으로 빠져든다.

이 정도로 컨셉이 있고, 무지막지한 프로레슬링은 지금까지 없었다. 그들은 엔터테인먼트 레슬링으로 엄청난 수익을 올리고 있다. WWE는 경기를 경기로만 끝내는 것이 아니라 TV로도 방영한다. 경기의 마지막 장면은 유료 VOD로 제공한다. 또 선수들은 TV 광고에 출연할 뿐만 아니라 DVD와 음반도 발매한다.

WWE는 컨셉 사고를 실행하고 있는 것이다. '프로레슬링은 엔터테인먼트다'라고 단정하고 시나리오의 존재를 밝혔다. 이는 프로레슬링의 본질을 규명한 것이라고도 할 수 있다. 또 관객이 열광적으로 즐길 수 있도록 전문가를 기용하는 철저함이 있다. 동시에 다수의 수익원도 확보하고 있다.

수익을 창출하는 시나리오는 결코 즉흥적으로 얻을 수 없다. 주도면밀한 계산 하에 전략적으로 시나리오를 전개해야 한다. 이들에게는 전략이 곧 컨셉이다. WWE의 전략, 즉 컨셉은 '프로레슬링은 즐기기만 하면 된다'는 것이다.

:: **고객 스스로 시나리오를 만든다**

마지막으로 차별성과 우위성으로 지속적인 성장을 하고 있는 컨셉이 강한 기업을 소개하고자 한다. 바로 도쿄를 중심으로 약진하고 있는 할인매장 '돈키호테'다. 이 회사는 2003년 3월 현재 44개의 점포에서 연간 매출액 900억 엔, 경상이익 70억 엔에 달하는 놀라운 수익을 달성하고 있다. 1997년부터 2001년까지 경기 불황 속에서도 5년간 매출은 6.4배나 성장했고, 경상이익은 9배나 올랐다.

이 회사의 목표 고객은 심야시간을 즐기는 20~30대 젊은이와 주간에 쇼핑할 시간이 없는 사람들이다. 매출이 가장 높은 시간대는 오후 8시에서 새벽 2시까지다. 따라서 고객들이 느끼는 돈키호테의 이미지는 한마디로 '4차원 공간의 불야성'이라고 한다.

왜 4차원 공간일까? 돈키호테에 처음 간 사람은 매장 내에서 길을 잃기 십상이다. '이런 것까지 있어?' 하는 생각이 들 정도로 여러 가지 상품이 빼곡히 쌓여 있고, 진열 방법도 난해하다. 천정에 있는 제품에 부딪히지 않도록 고개를 숙이고 좁은 통로를 지나가면 오른쪽 벽에는 에어컨, 왼쪽 벽에는 진기한 그릇 세트들이 진열되어 있다. 그리고 2미터 앞에 남성용 속옷이 있는가 하면 그 옆에는 휴대전화 안테나가 일곱 가지 색깔로 빛나고 있다. 매장 내 어느 곳이나 이런 상황이다. 그래서 사람들은 돈키호테 매장을 '정글'이라고 부르기도 한다.

이것이 바로 이 회사의 전략이며 고객의 기대에 부응하는 것이다. 고객은 자신이 원하는 것을 찾아 정글을 헤맨다. 고객은 스스로 원해서 헤매러 오는 것이다. 정글을 헤매고 다니며 보물찾기를 즐기는 것이다.

매장 통로가 좁고 상품 진열이 복잡하기 때문에 고객이 매장에 머무는 시간은 길어질 수밖에 없다. 한밤중의 쇼핑으로 들뜬 고객은 자신도 모르는 사이에 충동구매를 하게 된다.

여기서 주목해야 할 전략은 돈키호테 매장 안에서 고객이 직접 시나리오를 쓰게 만든다는 것이다. 시나리오의 주체는 고객이다. 매장에 갈 때까지 시나리오는 백지 상태다. 매장 안은 시나리오

공간이다. 매장에 들어서는 순간 시나리오는 전개된다. '무엇이 기다리고 있을까?', '어떤 보물이 숨겨져 있을까?', '혹시 아무것도 찾아내지 못하고 정글 탐험이 끝나는 것은 아닐까?' 등 정해지지 않은 불투명한 시나리오는 고객의 두근거림과 설레임을 조장한다.

심야의 4차원 정글 할인매장, 이것이 돈키호테의 전략이자 컨셉이다.

:: **뛰어난 시나리오는 조직 전체를 관통한다**

지금까지 살펴본 성공한 기업은 다음과 같은 특징이 있다.

- 컨셉이 명확한 시나리오를 갖고 있다.
- 진심이 담겨 있다.
- 간결하고 명료하다.
- 본질이 압축되어 있다.
- 명백한 차별적 우위성이 있다.
- 시나리오 전체가 통합되어 있다.
- 철저하다.

전략 시나리오도 마찬가지다. 기업 전략의 기본은 사명과 열정이다. 그것을 압축시켜 명백한 차별성을 가질 때 비로소 전략이라고 말할 수 있다. 따라서 컨셉이 부족하고 난해한 전략은 전략이 아니다.

뛰어난 시나리오는 비즈니스 조직 체계에 존재하는 여섯 가지 계층, 즉 사명, 비전, 전략, 계획, 관리, 업무 영역을 한 번에 관통한다. 이 모든 것이 시나리오로 통합되어 비즈니스 체계를 꿰뚫는다. 전략 시나리오란 바로 컨셉이 강한 시나리오라고 할 수 있다.

- 진심이 담겨 있어야 한다.
- 알기 쉽고 본질이 압축되어 있어야 한다.
- 차별적 우위성이 있어야 한다.

바로 이것이 전략 시나리오에서의 컨셉 사고다.

컨셉 잡기
• • • •

컨셉 트리를 이용한
전략 가설 만들기

∷ 정리와 가설안 만들기

지금부터 앞에서 소개한 돈키호테의 기본 전략인 '심야의 4차원 정글 할인매장'을 도출하기까지의 시나리오를 살펴보고, 컨셉 트리를 이용한 가설을 생각해 보자.

컨셉 트리의 목적은 컨셉을 구축하는 전제 조건, 요소, 아이디어를 정리하는 것이다. 컨셉 트리에서는 정리와 컨셉을 구축하기 위한 가설을 만드는 것이 관건이다. 즉 컨셉 트리는 컨셉을 구축하기 위한 아이디어 정리 도구이자 발상의 확장 도구라고 할 수 있다.

먼저 컨셉 트리의 전체적인 모양에 대해 간단하게 살펴보자. 컨셉 트리는 다음의 세 단계로 이루어진다.

- 환경 분석으로 경영 환경을 정리한다.

- 목표 분석과 최적의 실천 방법으로 고객 이익을 창출한다.
- 압축을 통해 옵션을 평가한다.

트리의 상층부에서는 환경 분석의 틀에 따라 문제의식과 목적의식을 객관적으로 정리한다. 트리의 중층부에서는 자사의 위치를 점검하고 목표를 분석함으로써 목표 고객을 규명하고, 고객에게 돌아갈 이익을 검토한다. 이 때 구체적인 상황을 떠올리면서 가설을 도출한다. 트리의 하층부로 갈수록 구체적인 요소까지 포함한다. 그리고 최종적으로 복수의 옵션을 설정한 뒤 그중에 최적의 전략 하나만 선택한다. 이 때 선택된 전략이 기본 전략이 된다. 이것이 바로 전략 시나리오의 흐름이다.

:: 환경 분석으로 경영 환경을 정리한다

환경 분석은 전략을 도출하는 첫 번째 단계다. 먼저 회사를 둘러싼 환경을 객관적으로 이해하고 인식해야 한다. 환경 분석은 거시적 환경 분석, 업계·시장 환경 분석, 사내 환경 분석이 있는데 일반적으로 이 순서대로 진행한다. 단, 여기서는 3C 분석만 다루기로 한다.

3C 분석이란 환경 분석의 대표적인 체계로 세 개의 C, 즉 고객·시장Customer, 경쟁Competitor, 자사Company를 의미한다.

돈키호테는 소매업체이므로 고객·시장 환경 관점에서는 편의점, 100엔 숍, 약국, 할인점 등 경합하고 있는 여러 가지 업태에 대해 파악해야 할 것이다. 또 소매업에서 취급하는 것이 물건뿐 아니라 서비스까지 포함된다는 것을 생각하면, 업종을 넘어선 분석도 필요할 것이다.

다음으로 고객·시장의 동향을 알아둘 필요가 있다. 여기서 고객이란 '20대 후반의 비즈니스맨'이라든가 '30대의 딩크족'과 같이 표현되는 목표 고객을 말한다.

컨셉 트리를 처음부터 너무 자세하게 만들려고 하면 그 다음 발상이 위축되어 버린다. 구체적인 목표, 목표 고객의 이미지는 뒤에서 정리하고 여기서는 '소비에 대한 고객 가치관의 변화'나 '라이프스타일의 변화에 따른 구매 패턴 변화' 등 커다란 항목만 파악하기로 하자.

자사의 환경 분석에서는 사명·비전과 현재 전략적 요소의 강점과 약점을 규명한다. 자사 분석을 하기 위한 대표적인 방법으로는 SWOT(강점, 약점, 기회, 위협) 분석과 핵심역량 PPM(Product Portfolio Management : 상품 범위 관리) 분석이 있다.

돈키호테의 원조는 '도둑 시장'이라는 잡화점으로 도·소매업 전문 회사였다. 이 회사는 완전실력주의를 도입했고, 도전정신과 창조성이 넘치는 젊은 인재를 채용해 경쟁우위성을 확보했다.

3C 분석을 한 뒤에는 마케팅의 대표적인 방법인 4P 분석으로 컨셉 트리를 전개한다. 4P는 '제품 Product, 가격 Price, 유통 Place, 프로모션 Promotion'을 가리킨다.

돈키호테는 매장 내부를 나누어 각 판매 담당자에게 구입, 진열, 가격 설정 등 모든 권한을 맡기고 있다. 같은 용품이라도 판매 담당자에 따라 가격이 다르다는 점이 특징이다. 또 매장의 형태는 교외로 나가는 도로변형, 도시 매장형, 불야성 매장형 등 크게 3가지로 구분한다. 상권의 규모와 입지 특성에 따라 매장의 형태가 달라지는 것이다. 거대 점포는 '빅 돈키', 중간 규모 점포는 '돈키호테', 소규모 점포는 '피카소(스몰 돈키)'라고 부른다.

이번에는 시장에서의 회사의 위치를 파악해 보자. 시장에서 어떤 위치를 점하고 있는지를 바르게 파악하는 것은 중요하다. 일반적으로 회사의 특성에 따라 시장 선도자leader, 시장 도전자challenger, 시장 추종자follower, 시장 틈새자nicher 등 네 가지로 나눈다. 시장에서의 위치를 상세하게 파악하기 위해 포지셔닝 맵(시장 지위도)이라고 불리는 매트릭스에 적용해 보라.

포지셔닝 맵은 종횡의 축에 어떤 변수를 설정하는가에 따라 크게 달라진다. 두 가지 포지셔닝 맵을 비교해 보자(그림 5-3). 단 하나의 축을 바꾸는 것만으로도 새로운 시장이 부상한다.

:: **목표 분석과 최적의 실천 방법으로 고객 이익을 창출한다**

이제부터는 구체적인 목표 고객과 이익에 대해 생각해 보자. 앞의 시장 포지셔닝 분석에 따른 고객 단위의 축을 참고로 하면 다음과 같은 목표 고객을 생각해 볼 수 있다.

- 여가 시간이 많은 독신자
- 구입하는 상품이 정해져 있는 중년층, 뜨내기 젊은 커플

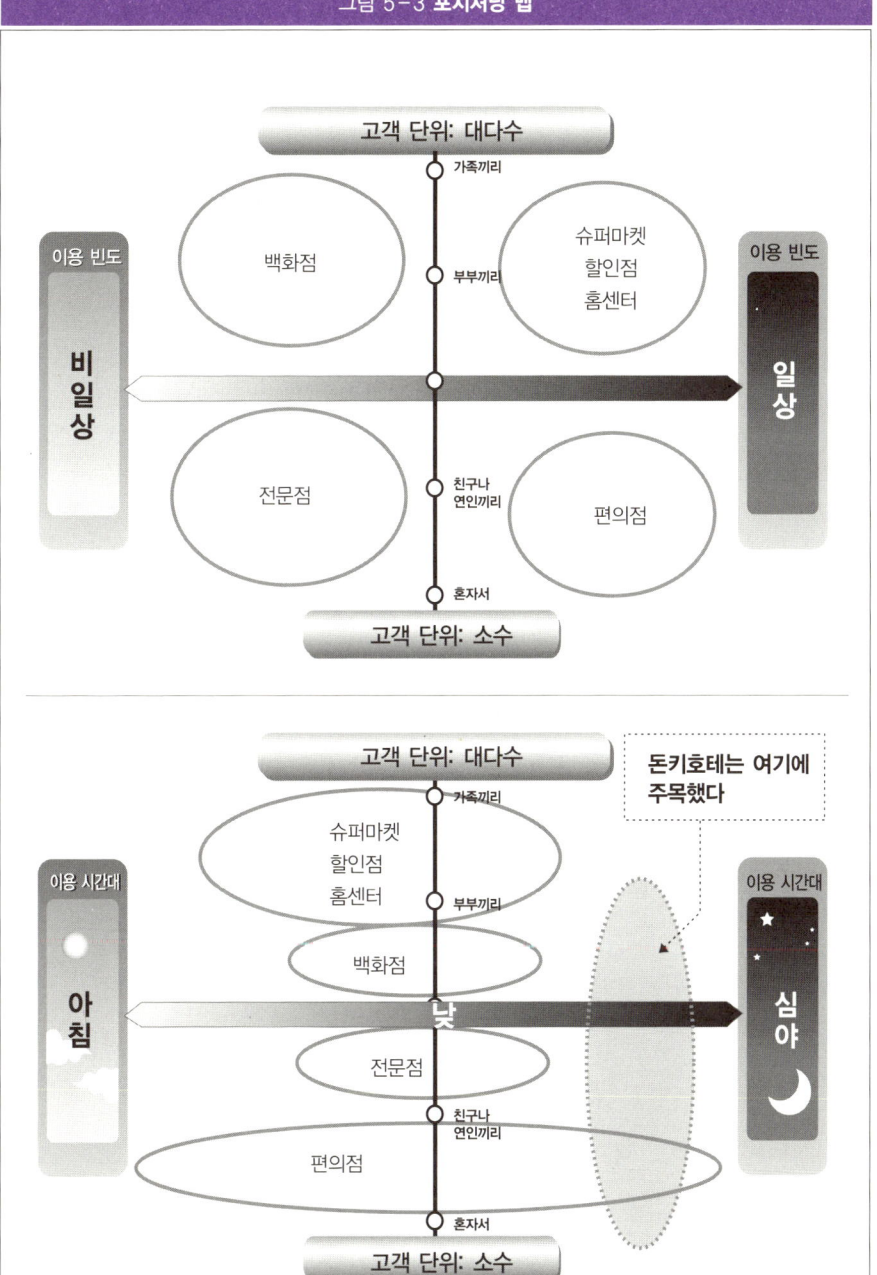

그림 5-3 **포지셔닝 맵**

- 10대 후반부터 20대 초반의 학생
- 잔업에 쫓기는 20대 후반의 비즈니스맨
- 30대 딩크족
- 아이를 동반한 가족

여기서 '심야'라는 키워드를 잊어서는 안 된다. 따라서 심야에만 쇼핑을 할 수 있는 유흥업소 종사자도 주력 목표 고객으로 삼아야 한다. 실제로 심야 시간에 돈키호테에 가보면 유흥업소 종사자로 보이는 사람들이 항상 있다.

이어서 목표 고객별로 구체적인 이익을 고려해야 한다. 아저씨, 아주머니와 혼자 사는 학생, 샐러리맨이 추구하는 이익은 당연히 다를 것이다.

이익을 고려할 때에는 구체적인 장면을 떠올리는 것이 중요하다. 이것을 고객 시나리오라고 한다. 언제, 누가, 무슨 목적으로 찾아오며 어떤 상황에서 어떤 이익을 얻고자 하는지 목표와 상황의 관점에서 검증해야 한다. 이것이 컨셉 매트릭스의 고객 관점이다.

'이익=편리'라는 도식은 너무 단순하다. 무엇이 어떻게 편리한지 더욱 심층적으로 생각해야 한다. 즉 '편리'라는 단어의 세분화가 필요한 것이다.

다음으로 고객이 요구하는 이익에 부응하는 최적의 실천 방법에 대해 생각해 보자. 이는 경영과 업무에 있어 가장 뛰어난 실천 방법을 가리킨다.

잭 웰치로부터 바통을 이어받아 지금은 제프리 이멜트Jeffrey R. Immelt가 이끄는 GE는 최적의 실천 방법을 실현하는 표본 기업이라고 할 수 있다. 수많은 기업이 워크아웃과 식스 시그마 등 이 기업이 실행한 최적의 실천 방법을 도입하여 큰 성과를 올리고 있다.

또 다른 사례를 살펴보자. 캐주얼웨어로 업계를 석권한 유니클로는 경영 시스템은 월마트, 상품 개발은 러버메이드Rubbermaid, 정보 시스템은 세븐일레븐과 델 컴퓨터, 표준화는 맥도날드의 실천 방법을 벤치마킹했다. 도요타도 혼다를 벤치마킹 대상으로 삼고 있다.

이처럼 컨셉이 강한 기업은 최적의 실천 방법을 꾸준히 모색하고 실현하고 있다. 이들은 타사의 장점을 적극적으로 학습한다. 이렇게 함으로써 회사의 강점을 점점 늘려 나간다.

그렇다면 돈키호테는 어느 기업을 참고로 했을까? 가장 먼저 떠오르는 곳은 편의점이다. 그 중에서도 타사에 비해 하루 평균 매출액이 20만 엔 이상인 세븐일레븐일 것이다. 세븐일레븐은 히트 상품 구비, 상품회전율, 재고 관리, 상품 개발에 있어 타의 추종을 불허한다. 이 외에도 지역 특성에 맞춘 마케팅으로 견실하게 이익을 올리는 슈퍼마켓, 가판점, 할인점, 약국, 홈센터 등도 벤치마킹 대상이 될 것이다. 특히 돈키호테의 플러스 알파 요소인 '즐거움을 제공한다'는 관점에서 최적의 실천 방법을 찾는다면 소매업이라는 업종을 뛰어넘어 놀이공원 등도 벤치마킹 대상에 포함될 것이다(그림 5-4).

그림 5-4 돈키호테의 전략 컨셉 트리

돈키호테의 전략 컨셉 트리

항목	내용
3C	**경쟁자**: ·슈퍼마켓, 백화점 고전 ·편의점은 현상 유지 ·100엔 숍의 대두 / **소비자**: ·싼 가격만으로는 안 팔린다 ·편의점 세대의 젊은이 ·야행성 인간의 증가 / **회사**: ·원래 잡화점으로 도소매 정통 ·젊고 창조력 있는 인재 ·완전실력주의
4P	**제품**: ·종합적인 상품 구성(가전, 잡화, 식료품, 브랜드 제품, 레저 등) / **가격**: ·할인점 수준의 경쟁력 있는 가격 ·점포에 결정권을 위양 / **장소**: (출점지) ·교외형 ·도시형 ·심야형 (규모) ·대 ·중 ·소 / **판매**: ·잡지 취재 ·입소문
SWOT	**강점**: ·도소매업에 정통 ·재료 구입력 ·젊은 인재 ·권한 위양 / **약점**: ·분산 재료 구입으로 재고 관리가 어려움 ·진입 장벽이 낮다 / **기회**: ·시장에 빈 자리 ·부동산 가격의 하락 ·정기 차지권 / **위협**: ·지역 주민과의 공생(영업시간, 소음, 교통체증)
시장 위치 ①	혼자서, 친구와 일상적으로 이용 / 혼자서, 친구와 비일상적으로 이용 / 부부, 가족끼리 일상적으로 이용 / 부부, 가족끼리 비일상적으로 이용
시장 위치 ②	혼자서, 친구와 항시 이용 / 친구나 연인과 주로 주간에 이용 / 부부, 가족끼리 주로 주간에 이용 / 혼자서, 친구나 연인과 심야에 이용
목표 세분화	이웃의 주부와 아저씨, 아주머니 / 10~20대 뜨내기 학생 / 아이를 동반한 가족 / 주간에 쇼핑이 불가능한 비즈니스맨 / 여가시간이 많은 젊은 독신자 / 유흥업소 종사자
고객 이익	편리함, 저렴함, 고른 상품 구성 / 밤에도 주간과 똑같은 물건을 살 수 있다 / +α의 부가가치(스트레스 해소, 시간 보내기, 즐거움)
최적의 실천	수퍼, 편의점, 할인점, 홈센터 / 편의점, 슈퍼마켓, 할인점 / 전자상가, 고서점, 놀이공원
컨셉 옵션	저렴한 가격과 상품 구성에 자신감, 지역 최고의 할인점 / 편의점 이상의 편의점, 오전 0시에 화장품, DVD, 구찌를 싸게 살 수 있는 가게 / 심야 영업의 천국, 어디에 무엇이 있는지 찾기 어려운 상품 진열로 재미와 떠들썩함을 연출

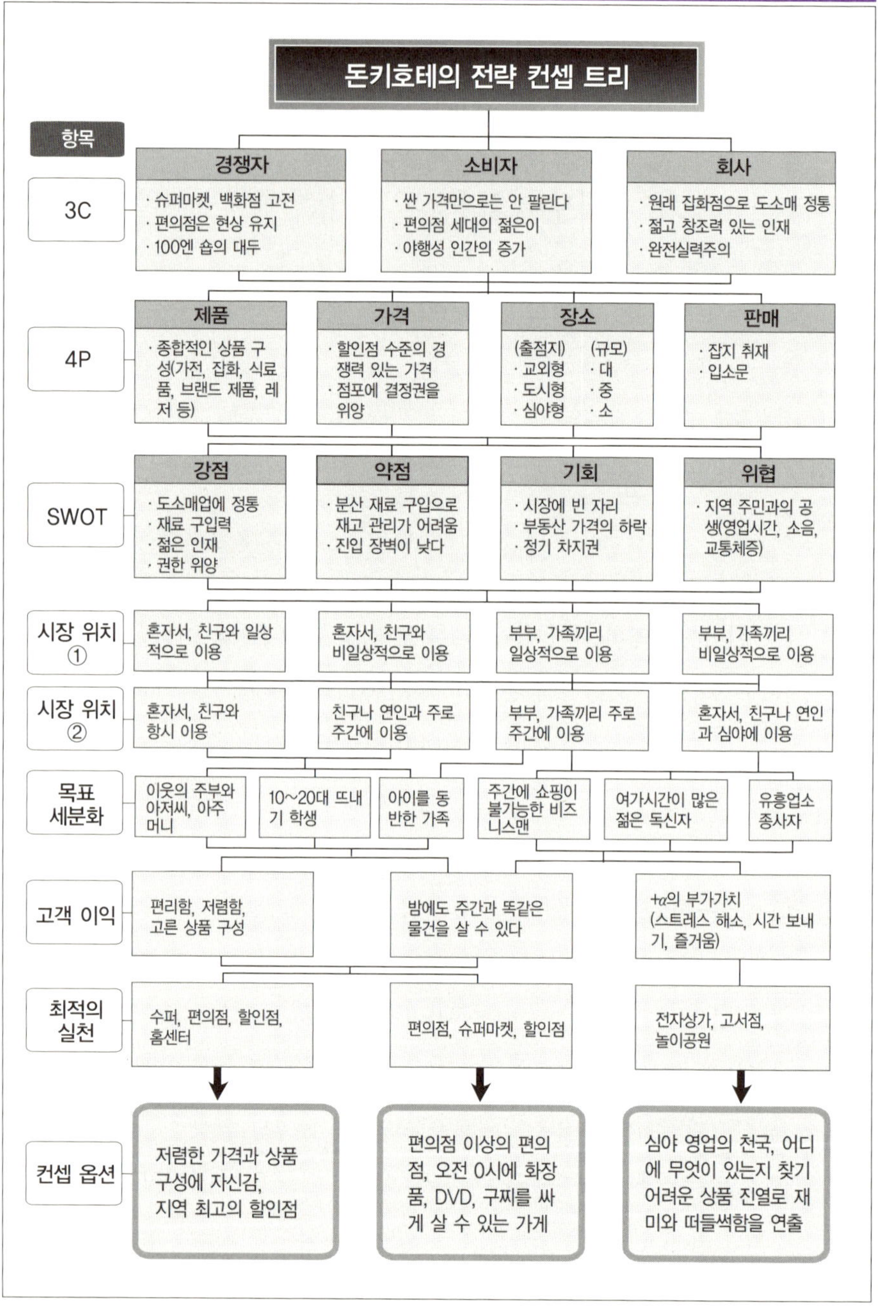

:: 옵션 평가로 전략 컨셉을 다듬는다

여기까지 트리가 전개된 후에야 비로소 전략적 옵션 설정에 들어 갈 수 있다. 그리고 설정된 옵션에서 선택된 한 가지 안이 기본 전략이 된다. 기본 전략은 다듬고, 버리고, 압축해서 최종적으로 평가한 후에 설정되므로 명확한 특징을 담고 있게 마련이다. 즉, 전략은 곧 컨셉이라는 등식을 만족시킨다.

옵션이란 선택하는 것이다. 세 가지 정도의 옵션을 설정해 평가하는 것이 가장 적합하다. 두 가지 옵션으로는 선택하기 힘들고, 대여섯 가지는 축이 흔들릴 가능성이 있다. 축이 흔들려 차별성, 우위성이 없어지면 컨셉이 뛰어난 전략이 도출될 가능성은 낮아진다. 옵션으로 전략 컨셉을 평가하면서 잘 다듬는다.

이 과정에서 가장 중요한 것은 의사결정이다. '이것저것 모두'가 아니라, '이것인가, 저것인가'를 판단해야 한다.

고정관념을 배제하고 압축된 옵션으로 평가·비교함으로써 문제점과 과제에 대해 논의하고, 최상의 결론을 이끌어내는 것이 전략을 책정하는 논의의 참모습이다.

옵션은 토론을 낳고, 논의를 낳고, 컨셉 사고를 낳는다.

컨셉 잡기
* * * *

컨셉 매트릭스로
전략을 수립하는 방법

:: 가설을 정밀화하고 검증함으로써 기본 전략을 도출한다

지금까지 전략 시나리오의 컨셉 트리를 사용해 요소 정리와 아이디어 제시, 가설을 체계화하는 것에 대해 살펴보았다. 이제 컨셉 가설을 정밀화하는 도구인 컨셉 매트릭스에 대해 알아보자.

컨셉 매트릭스는 컨셉 트리로 규명한 항목의 종횡으로 눈을 돌려, 압축한 항목을 좀더 체계적으로 살펴봄으로써 그 가설을 정밀하게 검증한다. 전략 컨셉 매트릭스 역시 4단계로 나뉜다. 컨셉 매트릭스를 컨셉 트리의 각 층에 대입하면 다음과 같이 정리할 수 있다.

① 요소 정리: 3C 분석, 4P 분석, 시장 위치 분석
② 고객 관점: 목표 세분화, 고객 이익, 최적의 실천, 고객 시나리오

③ 본질 숙성: 전략적 옵션의 모색과 선정

④ 핵심 메시지: 기본 전략 타이틀

컨셉 매트릭스의 각 단계에 대해 살펴보자. 요소 정리 단계에서는 문제의식과 목적의식을 정리하는 것이 목적이다. 고객 관점은 고객의 입장에서 생각하고, 최적의 실천 방법을 배우는 단계다. 본질 숙성에서는 요소 정리와 고객 관점 단계에서 다듬은 항목을 재검토하고, 각각의 관련성을 확산·전환·충돌(풍부화)시켜 최적의 옵션을 도출해 낸다. 여기서는 섣불리 결정하지 말고 반드시 심사숙고해야 한다. 그리고 마지막 핵심 메시지에서 기본 전략을 결정한다. 여기서 결정한 전략은 본질로까지 승화할 수 있는, 컨셉을 만족시킬 수 있는 전략이어야 한다. 이제 전략 컨셉 매트릭스를 순서대로 정리해 보자(그림 5-5).

:: **요소 정리: 문제의식과 목적의식을 정리한다**

요소 정리 단계에서는 문제의식과 목적의식을 객관적으로 정리한다. 트리의 상층부가 요소 정리에 해당한다. 3C 분석으로 경쟁, 고객, 시장, 자사를 둘러싼 환경을 파악하고, 4P 분석으로 제품, 가격, 장소, 판매 현황 등을 조사한다.

또 시장 위치 분석으로 시장 전체와 회사의 현재 위치를 파악해 정리한다. 자사의 강점은 무엇인지, 즉 타사와의 명확한 차별적 우위성은 무엇인지 찾아내는 것이 중요하다. '명확한 특징은 무

그림 5-5 돈키호테의 전략 컨셉 매트릭스

요소 정리	문제의식	• 불황으로 인해 고객의 저가격 지향성이 강해지고 있다. • 싼 가격만으로는 팔리지 않는다. • 지금까지와 똑같은 상품을 싸게 팔면 이익은 적어진다.
	목적의식	• 안이하게 가격 경쟁에 말려들지 않는다. • +α의 부가가치를 제공한다. 판매 방법을 바꾸는 등 차별화를 꾀한다.
고객 관점	상황	시간이 많아 주체하지 못하는 젊은이나 주간에 쇼핑을 하지 못하는 사람이 심야에 혼자 또는 친구, 연인과 찾아온다.
	이익	• 밤에도 물건을 살 수 있다.　• 시간 보내기에 적당하다. • 주간과는 다른 물건이 있다.　• 즐겁게 쇼핑할 수 있다.
본질 숙성	풍부화	'시간, 입지, 가격, 고른 상품 구성' 외에 '즐거움'이라는 부가가치를 요구하는 고객을 축으로 목표를 정리한다.
	옵션	A 저렴한 가격과 고른 상품 구성으로 자신감을! 지역 최고의 디스카운트 스토어 B 편의점 이상의 편의점! 오전 0시에 화장품, DVD, 구찌를 싼 가격에 살 수 있는 가게 C 심야영업의 노천! 어디에 무엇이 있는지 찾기 어려운 상품 진열로 재미와 떠들썩함을 연출

▼

핵심 메시지	심야의 4차원 정글 디스카운트 스토어!

엇인가', '어떻게 하면 ~다움, 자신만이 할 수 있는 일을 찾을 수 있는가' 등 각각의 문제의식, 목적의식을 조합해 가면서 컨셉이라고 할 수 있는 수준의 전략적 요소를 추출한다.

:: 고객 관점: 고객의 입장에서 생각하고 최적의 실천에 힘쓴다

고객 관점 단계는 목표 고객과 고객 이익이 주요 테마로 트리의 중간 부분에 해당한다. 고객 관점 단계는 매우 중요하다. 이 단계의 정밀화와 가설 검증 결과가 기본 전략의 생성을 좌우한다. 이 단계부터 의지에 의해 전개된다. 따라서 여기서는 고객을 주의 깊게 관찰하는 것이 중요하다. 항상 고객의 입장에서 상황과 이익을 생각해야 한다. 현지現地, 현물現物, 현장現場(3현주의)을 중시하면서 전개한다.

:: 본질 숙성: 옵션을 모색하고 선정한다

본질 숙성 단계에서 가장 중요한 테마는 풍부화와 옵션 책정이다. 본질 숙성은 핵심 메시지, 즉 기본 전략 타이틀을 이끌어내는 바로 전 단계다. 그러므로 컨셉 가설을 매우 정밀화해야 한다.

지금까지 살펴본 환경 분석 결과, 4P 분석 결과, 업계 위치 및 자사의 강점, 목표 고객, 고객 이익, 최적의 실천 방법 등 각 단계에서 예상하는 가장 적합한 기본 전략을 가능한 한 짧은 문장으로 표현해 본다.

:: 핵심 메시지: 명확한 컨셉을 한마디로 제시한다

핵심 메시지 단계에서는 본질 숙성에서 제시된 옵션 중에서 가장 적합한 하나를 선택해서 기본 전략 타이틀로 정리하는 것이 목적이다. 따라서 명확한 특징을 한마디로 지칭해서 표현해야 한다. 하나로 압축된 기본 전략 타이틀은 컨셉으로 승화될 것이다. 기본 전략 타이틀 안에는 '차별적 우위성, 명확한 특징, ~다움, 우리만이 할 수 있다' 라는 특성이 있어야 한다.

기본 전략을 압축했다면 한마디로 표현할 수 있을 것이다. 한마디로 표현할 수 없다면 그것은 컨셉이라고 할 수 없다. 다시 말하면 본질이 아니기 때문에 한마디로 표현할 수 없는 것이다. 본질이란 매우 간결해야 한다. 여러 번 말했듯이 컨셉은 차별적 우위성이며 특징이자 본질이다.

마지막으로 핵심 메시지로 도출한 전략을 컨셉 평가 시트로 재평가해 보자. 평가의 관점은 차별적 우위성과 본질 숙성도, 두 가지다. 상세한 평가 내용은 도표를 참조하길 바란다(그림 5-6).

돈키호테의 옵션 평가 과정을 살펴보자. 돈키호테의 컨셉은 '심야의 4차원 정글 할인매장' 이다. 고객에게 '편리함' 이라는 이익을 깊게 세분화하고, 종래의 시간, 입지, 가격, 고른 상품 구성에 '즐거움' 이라는 장점을 더했다는 것이 특징이다. 심야의 즐거운 쇼핑을 연출하기 위해 뒤죽박죽 진열한 복잡한 공간은 돈키호테의 기본 전략에서 나온 발상이다.

지금까지 전개해 온 돈키호테의 기본 전략 구축의 컨셉 트리와

그림 5-6 돈키호테의 컨셉 평가 시트

		컨셉 · 옵션		
	체크 항목과 내용	옵션A	옵션B	옵션C
		저렴한 가격과 고루 갖춘 상품에 자신이 있다. 지역 최고의 디스카운트 스토어.	편의점 이상의 편의점! 오전 0시에 화장품, DVD, 구찌를 싸게 살 수 있는 가게.	심야 영업의 노천! 어디에 무엇이 있는지 찾기 어려운 상품 진열로 재미와 떠들썩함을 연출.
차별적 우위성	① 차별성 정말로 차이가 명확한가?	△	○	◎
	② 우위성 정말로 다른 곳보다 뛰어난가?	○	○	○
본질 숙성도	① 본질 압축도 정말로 본질의 핵심이 압축되어 있는가?	✕~✕✕	○	◎
	② 설득력 정말로 잘 다듬어 숙성했는가?	△	△	○
	컨셉 종합 평가	△~✕	○	◎

컨셉 매트릭스는 어디까지나 가설일 뿐이다. 돈키호테의 전략은 결코 단순한 생각으로 만들어진 것이 아니다. 돈키호테의 사장은 '돈키호테는 고객에게서 배웠다'라고 말한다. 항상 고객의 입장에 서서 자신의 강점을 살린 차별성을 어떻게 표현할 것인지, 어떤 점이 타사보다 우위에 있는지, 돈키호테다움, 돈키호테만이 할 수 있는 것은 무엇인지 끊임없이 고민한 결과 현재의 경이로운 성장을 가져온 것이다.

다소 번거롭다고 생각할지 모르지만 명확한 특징을 가진 전략을 설정하기 위해서는 꼭 이 컨셉 사고의 도구를 활용하자.

제6장

히트 상품을 만드는 컨셉

히트 상품을 낳는 컨셉의 공통 원리
상품명은 컨셉 그 자체다
컨셉 트리를 이용한 상품 컨셉의 틀 짜기
컨셉 매트릭스를 이용한 상품 컨셉 만들기

컨셉 잡기
••••

히트 상품을 낳는
컨셉의 공통 원리

:: 컵라면은 어떻게 히트 상품이 되었나

편의점 판매대에 진열되어 있는 상품은 수만 점에 달한다. 우리가 흔히 먹는 컵라면만 하더라도 1년에 300여 종 이상이 개발된다고 한다. 그러나 그중에서 상점에 진열되는 상품은 불과 10여 종에 불과하다.

상품은 넘쳐나고 있다. 그러나 상품의 수에 반비례해서 소비자의 쇼핑시간은 점점 단축되고 있다. 생활용품 전문업체 가오의 조사에 따르면 소비자가 판매대에서 샴푸, 린스를 구매하는 데 소요하는 시간은 40초에 불과하다고 한다. 소비자는 망설이지 않는다. 한눈에 보고 바로 선택한다.

소비자가 망설임 없이 구입하는 이유는 '역시 이거야! 나는 이게 아니면 안 되지……' 하고 이미 결정을 내렸기 때문이다. 소비자가 '이것'이라고 느끼는 본질을 파악하는 상품만이 40초의

벽을 넘을 수 있다.

소비자가 선택한 상품의 본질은 소비자의 기대를 배신하지 않는다는 점에 있다. 소비자의 기대는 변한다. 유사품도 계속 나온다. 그런 와중에 소비자의 선택을 받으려면 소비자의 기대 변화를 정확하게 파악해야 한다. 기대에 부응하는 상품만이 장수 상품이 되고, 장수 상품을 생산해 내는 기업만이 살아남는다.

1971년 발매된 이후 세계 각 나라에서 200억 개 이상 팔린 컵라면의 사례를 살펴보자. 34년이라는 긴 기간 동안 컵라면은 소비자와 시장의 욕구에 따라 계속 변해 왔다. 카레맛, 해물맛, 김치맛, 미니 사이즈, 빅 사이즈 등 맛과 양이라는 측면에서 지속적으로 컨셉을 확대해 왔다.

컵라면 탄생의 대부인 안도 시로후쿠安藤百福 사장은 조직에 입각한 컨셉 사고를 했기 때문에 닛세이日淸식품의 전통과 리더십을 동시에 유지할 수 있었다. 그렇다면 안도 사장의 컵라면 개발 과정을 따라가면서 컨셉 사고를 살펴보자. 여러분은 컨셉 사고의 전범을 볼 수 있을 것이다.

치킨 라면의 개발자이자 라면에 대한 뜨거운 열정을 가지고 있었던 그는 '맛있는 음식은 국경이 없다'는 확신과 '전 세계에 컵라면을 퍼뜨리고 싶다'는 강한 의지가 있었다. 이러한 의지를 실현하기 위해 그는 미국인의 식습관을 면밀히 관찰했다. 일본인과 어떤 점이 다른지, 미국인이 컵라면을 먹게 하려면 어떤 문제점을 해결해야 할지 고민했다.

실제로 그는 미국으로 건너가 미국인이 치킨 라면을 먹는 모습을 유심히 관찰했다. 미국인은 인스턴트 라면을 반으로 나누어 머그컵에 옮겨 담았다. 젓가락을 잘 사용하지 못해서 포크에 면을 건져 먹었다. 그리고 뜨거운 면을 혀끝으로 핥기만 할 뿐 면발을 후루룩 빨아들이지 못했다.

미국인이 인스턴트 라면을 먹는 모습을 머릿속 깊이 새기고 귀국한 그는 상품 개발에서 무엇보다 중요한 것은 '용기容器'라고 확신했다. 미국에는 사발이 없기 때문에 용기 자체에 뜨거운 물을 부어 조리할 수 있어야 한다. 그렇다면 용기 자체를 식기로 사용할 수 있는 기능이 필요했다. 게다가 손으로 잡아도 뜨겁지 않아야 하고, 크기는 한 손에 들 수 있는 정도여야 하고, 장기간 보존할 수 있어야 한다는 점도 필수 조건이었다.

'이런 조건을 만족시킬 수 있는 용기는 무엇일까? 이 용기에 담아 맛있게 먹을 수 있는 라면은 어떤 것일까?'

이렇게 상품 이미지를 떠올리기 시작하면서 상품 컨셉에 대한 확신도 깊어졌다. 바로 '컵에 담긴 인스턴트 면'이었다. 그것도 단순한 컵이 아니라 조리 기구의 역할을 하면서도 식기로 사용할 수 있는 컵이 필요했다. 식습관이 다른 사람들도 손쉽게 먹을 수 있는 상품이라는 컨셉을 잘 전달할 수 있는 이름, '컵라면'은 이렇게 탄생했다.

:: 컨셉 사고가 히트 상품을 만들어낸다

히트 상품에는 네 가지 컨셉 요소가 있다.

- 변화에 대한 본질이 담겨 있다.
- 상품이 제공해야 할 본질을 간파하고 있다.
- 분명한 애착이 있다.
- 타사에 없는 특징이 있다.

컵라면이 발매된 1971년 당시 인스턴트 라면은 이미 포화상태였다. 그래서 해외 시장으로 눈길을 돌렸는지도 모른다. 그러나 단순히 기존 상품을 수출한 것이 아니었다. 안도 사장은 '세계인이 먹는 라면'에 대해 고민했고, 새로운 발상으로 상품을 개발했다. 이처럼 '목표가 바뀌면 상품도 바뀌어야 한다. 그렇다면 어떻게 바꿔야 시장에서 먹힐까?' 하는 문제의식은 상품 개발의 발단이 된다. 기존 인스턴트 라면과 치킨 라면의 목표를 확실하게 바꿈으로써 지금까지 없었던 '컵라면'이라는 새로운 상품이 탄생할 수 있었던 것이다.

게다가 발매 당시 컵라면이 대히트 상품이 될 수 있었던 배경 중 하나는 목표 고객이었던 '일본인의 식습관과 전혀 다른 사람들'이 일본인 중에서도 발견되기 시작했다는 것이다.

컵라면이 발매되던 그해, 긴자의 미츠코시 백화점에 맥도날드가 들어섰다. 패스트푸드에 호응하는 시대로 접어들고 있었던 것이다. 긴자 거리를 걸으면서 햄버거를 먹는 젊은이들에게 한 손에는 컵을 들고 다른 손은 포크를 들고 라면을 먹는 모습은 아무런 위화감도 주지 않았다.

안도 사장의 이러한 컨셉 사고는 닛세이식품에 유전자처럼 계승되고 있다. 닛세이식품의 직원들은 매일 아침 닛세이 컵라면을 먹는다. '아침부터 컵라면을 먹는다고?' 하고 놀랄지도 모르겠다. 그러나 이들에게는 '매일 먹어도 질리지 않는 라면을 만들자'라는 목표가 있다. 이들은 매일 소비자 입장에서 상품을 체험하는 것이다.

히트 상품은 단순한 아이디어에서 탄생하는 것이 아니다. 아이디어가 응축되고 심화되어 본질에 도달할 때 비로소 상품이 된다. 세계적인 히트 상품인 '워크맨'의 컨셉은 소니의 모리타 아키오盛田昭夫 회장의 예리함에서 탄생한 것이라고 한다. 이 때 중요한 것은 컨셉과 컨셉을 수렴하는 컨셉 사고다.

모리타 회장이 워크맨이라는 컨셉에 도달하기까지의 과정을 살펴보자. 따지고 보면 시작은 이부카 마사루 회장의 특별한 의뢰에서 비롯되었다. 음악을 좋아하고, 출장이 많은 이부카 회장은 평소 자사의 제품인 '프레스맨'을 휴대하고 다녔다. 프레스맨은 단순한 형태의 소형 오디오다.

그러나 음악을 좋아하는 이부카 회장은 기대만큼 음질이 좋지 않은 프레스맨에 불만이 있었다. 미국 출장을 앞둔 어느 날, 이부카 회장은 재생 기능만 있어도 좋으니 스테레오 회로를 넣은 프레스맨을 만들어 달라고 개발자에게 의뢰했다. 이렇게 해서 큰 헤트폰을 단 '특수 프레스맨'이 탄생했다. 이 수제 오디오는 음질이 좋았다. 이부카 회장은 특수 프레스맨을 모리타 회장에게 들려주며 '걸어다니면서 들을 수 있는 스테레오 카세트 플레이어가 있다면 더 좋겠는데……' 하고 말했다. 무언가 느낀 모리타 회장은 개발자에게 신상품 개발 컨셉을 이렇게 전했다.

"음악을 밖으로 가지고 나간다는 것은 하루 종일 음악을 즐기고 싶은 젊은이의 욕구를 충족할 만한 것이다. 헤드폰이 장착된 재생 전용기로 상품화하면 분명히 팔릴 것이다."

덧붙여서 그는 "목표 고객은 젊은이와 학생, 발매는 여름방학 전, 가격은 4만 엔으로 한다"고 잘라 말했다.

모리타 회장의 머릿속에는 명확한 컨셉 매트릭스가 떠오른 것이다. 모리타 회장은 음악을 좋아하는 마니아라는 목표 고객, 걸으면서 음질 좋은 사운드로 음악을 듣고 싶다는 욕구, 스테레오 카세트 플레이어라는 사양에 대해 깊이 생각했고, 그 생각을 정리하여 다음 본질을 파악했다.

목표 고객은 '하루 종일 음악을 즐기고 싶은 젊은이와 학생'으로 명확하게 하고, 고객이 누릴 이익은 '밖으로 음악을 가지고 나간다'고 표현했으며, 상품의 사양은 '헤드폰이 부착된 재생 전용기, 4만 엔 이하의 가격대'로 결정했다. 한마디로 표현하면 '음악을 듣는 젊은이의 모습을 바꾸는 워크맨'이었다. 이것이 바로 컨셉 사고다.

워크맨의 컨셉은 소니에게 특별한 의미를 지닌다. 소니의 집착, 소니의 자랑, 소니의 사명이 이 한 단어 속에 응축되어 있기 때문이다. 이후 소니는 '젊은이의 생활방식을 바꾼다'는 컨셉 유전자를 계승해 나가고 있다.

:: 시대의 변화에 발맞춘 히트 상품

워크맨이 발매된 1979년은 시대의 가치관이 크게 바뀌는 전환기였다. 그전까지는 '다른 사람과 같다. 다른 사람보다 조금 낫다. 다른 사람과 다르다'는 타인을 의식한 소비 패턴이었다. 그러나 이 때부터는 '나만의 취향'이라는 '나'를 의식한 발상으로 크게 바뀌어 갔다. 워크맨은 나를 중심으로 하는 시대를 이끌어 가고 있었다(그림 6-1).

히트 상품과 시대적 가치관은 아주 밀접한 관계다. 마쓰시타 고노스케의 '수도水道 철학'이 상징하듯, 상품이 부족한 시대에는 '필요한 것을 대량으로'라는 개발 컨셉이 필요했다. 물건이 풍부해지자 '타사와는 다른 분명한 차별성'이 필요하게 되었고, 상품이 넘쳐나는 지금은 '시장이 원하는 것을 신속하게'라는 컨셉이 필요해졌다.

참고로, 일본인의 연대별 생활 가치관을 살펴보자.

- 1940년대: 종전에서 전후까지. 물자가 부족한 시대. 필수품도 부족하던 시대.
- 1950년대: 전후 시대가 지나고 이웃집의 물건과 같은 물건을 원하는 시대.

그림 6-1 연대별 생활 가치관의 변천 과정

- 2000년대 명품과 본질에 대한 욕구 (자신을 표현할 수 있는 명품을 원한다)
- 1990년대 자신다움을 추구할 욕구 (자신만의 물건을 원한다)
- 1980년대 주관화 욕구 (자신이 좋아하는 것을 고르고 싶다)
- 1970년대 차별화된 욕구 (타인과 다른 것을 가지고 싶다)
- 1960년대 비교 욕구 (타인보다 좋은 것을 갖고 싶다)
- 1950년대 동일 욕구 (타인과 같은 것을 가지고 싶다)
- 1940년대 가장 기본적인 욕구 (있으면 좋다)

- 1960년대: 고도의 경제 성장 시대. '타인보다 뛰어나다'는 우월감을 느끼고 싶어 하는 시대.
- 1970년대: 풍요로움의 시대. '타인과 다른 것'을 원하는 시대.
- 1980년대: 필요한 것은 충족하고, '나만의 취향'으로 눈길을 돌리는 시대.
- 1990년대: 타인은 타인이다. 스스로 납득하는 것을 추구하는 시대.
- 2000년대: 명품을 지향하고 본질을 지향하는 시대. '꿈은 이룰 수 있다'는 것을 추구하는 시대.

그림 6-2 **2001년 히트 상품**

1	센과 치히로의 행방 불명
2	ADSL
3	소니의 디지털 카메라
4	다카라의 생맥주
5	요시노야의 280엔짜리 소고기 덮밥
6	산요전기의 청소기
7	DVD 플레이어, DVD 레코더
8	도쿄 디즈니랜드 SEA
9	기린의 알루미늄 캔 음료수 키키차
10	스타벅스, 타리즈 등 커피숍
11	해양 심층수
12	산요전기의 세제가 필요 없는 세탁기
13	아사히맥주의 샴페인
14	미백
15	다카라의 베이블레이드
16	마이라인
17	햄타로
18	NHK의 프로젝트 엑스
19	혼다의 피트
20	저가 기성복

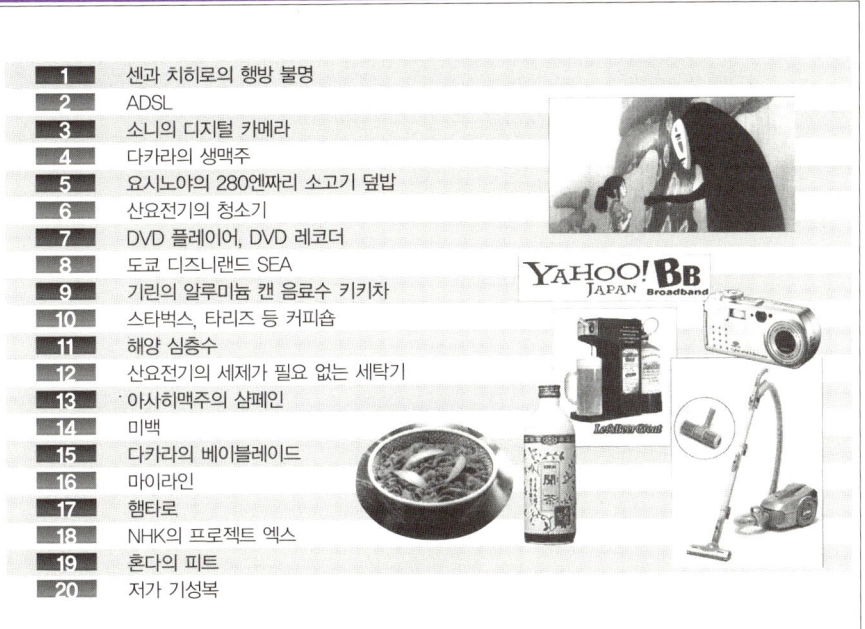

그렇다면 2001년은 어떤 시대였을까? 먼저 2001년도 히트 상품을 살펴보자(그림 6-2).

2001년에 303억 엔이라는 폭발적인 흥행 수입을 올린 애니메이션 '센과 치히로의 행방불명 Spirited Away'의 컨셉은 '열 살이었던 사람이 이제 열 살이 될 사람에게 살아갈 힘과 성원을 보낸다'는 것이었다. 그렇다면 '마녀 우편배달부 Kiki's Delivery Service', '귀를 기울이면 Whisper of the Heart', '추억은 방울방울 Only Yesterday' 등 기존 애니메이션과 다른 점은 무엇일까? 이 기록은 수많은 명작 '바람 계곡의 나우시카', '이웃집 토토로'에서도 얻지 못했던 기록적인 흥행 수입이었다.

미야자키 하야오宮崎駿의 애니메이션은 모두 새로운 발상이 돋보이는 훌륭한 작품이다. 전달하는 메시지가 명확하다. 이런 훌륭한 작품을 계속해서 만들기 위해서는 자금의 부담이 없어야 한다. 그래서 지브리 스튜디오는 히트 작품이 계속해서 탄생할 수 있는 구조를 만들기 위해 노력했다. 결국 자금과 광고, 선전은 협찬기업이나 출자기업에 맡기고, 지브리 스튜디오는 제작에만 전념하는 히트 시스템을 만들었다.

이것은 작품과 상품을 분리시켜 각 분야의 전문가가 협력하도록 하는 상품 개발 방법이다. 물론 협력은 새로운 방법은 아니며 모든 기업이 협력을 통해 성공하는 전략을 만들 수 있는 것도 아니다.

최근 유니클로도 인기 밴드와 협력하여 한정 수량의 티셔츠를 만들었다. 그러나 인기 밴드가 왜 유니클로 제품을 입었는지에 대해서는 명확하게 전달하지 못했다. 결국 협력에 의한 상품일수록 컨셉이나 뚜렷한 취향이 잘 전달되도록 해야 한다.

협력에 의한 상품 개발로 성공한 기린의 '키키차(우롱차—옮긴이)'를 살펴보자. 키키차의 상품 컨셉은 '명품 지향'이었다. 명품은 아니지만 명품을 쏙 빼닮은 차를 개발하자는 컨셉이었다. 기린은 명품에 대한 이해가 깊고, 쉽게 타협하지 않는 가수 이노우에 요스이井上陽水를 모델로 기용해 '명품 지향'이라는 컨셉을 표현하려고 했다. 이 때 다이와大和제약의 광고 카피라이터 이토이 시게사토糸井重里가 함께 협력 작업을 했고, 그 결과 키키차라는 훌륭한 컨셉 상품이 만들어졌다.

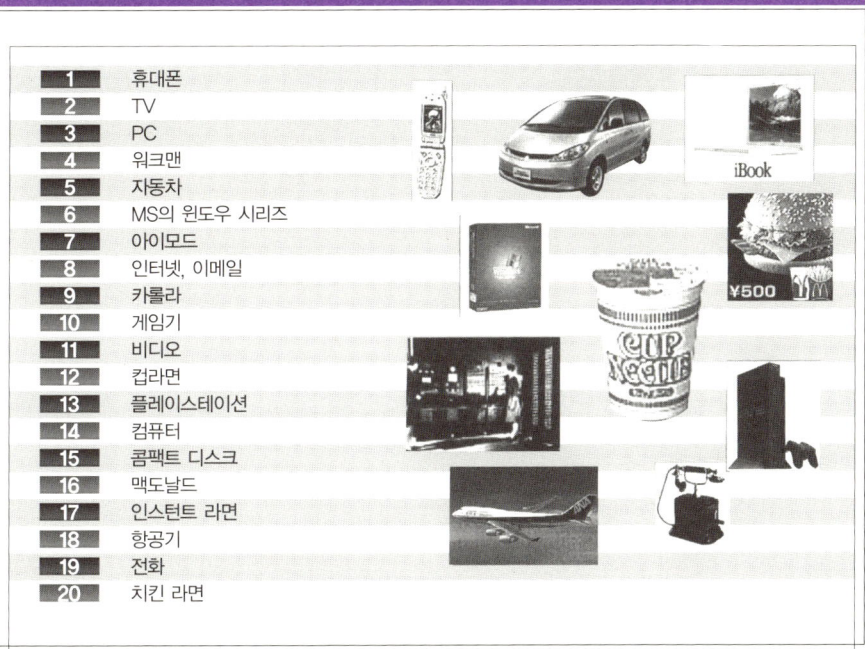

그림 6-3 **20세기를 대표하는 히트 상품**

1	휴대폰
2	TV
3	PC
4	워크맨
5	자동차
6	MS의 윈도우 시리즈
7	아이모드
8	인터넷, 이메일
9	카롤라
10	게임기
11	비디오
12	컵라면
13	플레이스테이션
14	컴퓨터
15	콤팩트 디스크
16	맥도날드
17	인스턴트 라면
18	항공기
19	전화
20	치킨 라면

　이번에는 시대가 낳은 히트 상품을 살펴보자(그림 6-3). 20세기 전반에는 항공기, 자동차, 전화, TV, 컴퓨터 등 상품의 범주를 제조하는 시대였다. 생활양식을 혁신적으로 바꾸는 기술이 차례로 등장했고, 기능을 중심으로 발상한 컨셉 상품이 히트를 쳤다.

　20세기 후반에는 각 시대를 반영한 컴퓨터, 휴대전화, 비디오 등과 같은 상품 범주가 세분화되면서 게임기, 아이모드, 콤팩트 디스크 등과 같은 파생 범주가 나타났다.

　포화상태인 21세기 시장에서는 훌륭한 상품만으로는 히트를 칠 수 없다. 히트를 치는 구조, 히트를 치게 하는 장치가 점점 더 필요해지고 있다.

:: 히트 상품은 근원, 요구, 욕구를 표현한다

히트 상품의 개발 컨셉을 근원(seeds: 개발의 씨앗), 요구(needs: 필요한 것), 욕구(wants: 잠재적 욕구)로 나누어 살펴보자.

근원에서 비롯된 컨셉은 기술이나 소재에서 찾아낸 컨셉이다. 요구에서 나오는 컨셉은 고객의 목소리, 시장 조사 등에서 찾아낸 컨셉이다. 마지막으로 욕구에서 비롯된 컨셉은 아직 드러나지 않는 욕구에서 나오는 컨셉이다.

근원에서 비롯된 컨셉

- 갓파에비센: 새우튀김을 건조시켜 상온 보관이 가능한 식품.
- 시 치킨: 서구화된 식생활에 맞춘 고급품 지향 통조림.
- 포카리스웨트: 땀에 가까운 생리 전해질 음료.
- 야쿠르트: 국민 건강에 기여하는 유산균이 들어 있는 음료.
- 리포비탄: 마시기 쉬운 자양강장제.
- 알파 7000: 몸체 완결형의 자동 포커스 기능을 갖춘 카메라.

요구에서 나온 컨셉

- 치킨 라면: 보존이 간편하고, 언제 어디서라도 먹을 수 있는 인스턴트 라면.
- 컵라면: 포장지, 조리 도구, 식기가 되는 컵에 담긴 즉석 라면.
- 아탓쿠: 고농축 특대 사이즈로 사용할 수 있는 세제.

- 다스킨: 다다미나 마루의 틈새를 닦을 수 있고 유리도 깨끗이 닦을 수 있는 먼지닦이.
- 캔 추하이: 새로운 유형의 알코올 소프트드링크.
- 가로라: 가장 대중적인 차. 모든 항목에서 80점 이상의 평가를 받음.
- G쇼크: 심플하고 쉽게 망가지지 않는 터프한 시계.

욕구에서 나온 컨셉

- 후아미콘 게임기: 아이에서 어른까지 가족 모두가 즐길 수 있는 카세트식 비디오 게임.
- 플레이스테이션: 32비트 차세대 게임기.
- 베이블레이드: 부모와 함께 즐길 수 있는 남아 전용 전통 완구.
- 우츠룬데스: 렌즈가 붙어 있는 필름.
- 아이모드: 전문 서비스를 받는 듯한 무선 인터넷 서비스.
- 워크맨: 헤드폰이 장착된 소형 카세트 플레이어.
- VAIO: AV 기능과 양측 방향성, 디자인을 중시한 컴퓨터.
- 아이보: 강아지 모양의 엔터테인먼트 로봇.
- 밥 잘 먹는 소년: 아이들도 먹을 수 있는 중화요리.
- 단밤을 벗겼습니다: 어른도 먹을 수 있는 자연 소재의 과자.
- 슈퍼 드라이: 거친 맛이 나는 맥주.
- 푸리우스: 1인용 자동차.

상품의 컨셉은 창의적 사고를 표현하는 최적의 도구이며 훈련이 되기도 한다. 히트 상품에는 밖으로 드러나 있지 않은 아이디어, 피나는 연구 개발, 판매 노력, 광고 등 피와 땀의 결정체가 컨셉 유전자로 남아 있다.

상품명은 상품의 컨셉 그 자체여야 한다. 소비자에게 컨셉을 전달하는 것만이 전부가 아니다. 개발 컨셉은 상품의 본질, 차별적 우위성, 개발 의지를 협력 당사자와 공유할 수 있어야 한다.

컨셉 잡기
• • • •

상품명은
컨셉 그 자체다

:: 상품명은 컨셉을 전달하는 메시지다

　신상품 개발을 위해 연평균 약 3만 건의 아이디어와 30여 개의 신상품을 출시하는 고바야시 제약은 독특한 이름의 상품을 출시하는 것으로 유명한 회사다. 이들의 개발 컨셉은 '실생활에서 조금 개선된 상품, 좀더 편리한 상품'이다.

　고바야시小林제약은 일상생활의 모습을 철저하게 분석해 상품화한다. 예를 들면, 어느 주부의 일과를 시시콜콜한 것까지 자세히 기록한다. 어디에 사는지, 어떤 집인지, 남편은 무슨 일을 하는지, 아이는 몇 살인지, 무슨 직장을 다니는지, 여가시간에는 무엇을 하는지, 식사는 어떻게 준비하며 무엇을 먹는지 등 아주 세세한 부분까지 말이다. 그리고 이 주부가 곤란을 겪는 일은 무엇인지, 어떤 궁리를 할 수 있는지, 필요한 물건은 무엇인지에 대해 자세히 파악한다.

이렇게 목표 고객의 실생활을 분석하다 보면 상품에 대한 아이디어가 떠오른다. 그리고 이들은 이렇게 해서 머릿속에 떠오른 3만여 개의 아이디어를 토대로 논의를 하고 세상에 나올 상품을 결정해 개발을 시작한다.

고바야시제약의 모든 상품은 '실생활에서 조금씩 개선된 상품'이다. 고객이 얻는 이익은 '있으면 좀더 편리하다'는 것이다. 따라서 상품 컨셉도 매우 구체적이다.

- 무엇에 좋을까?
- 무엇을 어떻게 개선할 수 있을까?
- 어떻게 사용할까?

상품 컨셉은 이렇게 구체적으로 설명되어야 한다. 그리고 상품명은 이러한 컨셉을 알기 쉽고 기억하기 쉽게 전달하는 메시지다. 즉 상품 컨셉이 상품명을 부여하는 것이다. 고바야시제약은 조직 전체가 이러한 컨셉 사고를 한다. 게다가 명확한 목표를 갖고 있다.

히트 상품은 다른 상품으로 활용할 수도 있다. 예를 들면 '열 시트'는 대상에 따라 유아용, 성인용, 갓난아기용으로 나눌 수 있다. 또 용도에 따라 잠이 오지 않는 밤에 사용하거나 겨드랑이에 부착하기 위한 상품으로 만들 수도 있다. 소재를 바꿔 '열 투명 젤리'로 만들 수도 있다. 또 다른 예로 세정기의 경우라면 커피메이커, 커피포트, 전기면도기 등 용도를 확대해 시리즈로 만들 수 있을 것이다.

대부분의 소비자들은 신상품에 대한 설명을 상세하게 읽지 않는다. 광고 문구에 동요하지도 않는다. 결국 상품명에 상품 컨셉을 드러내는 방법밖에 없다.

예를 들어 1981년 레나운은 항균 양말인 '프레시 라이프'를 발매했다. 발매 첫해에는 그럭저럭 잘 팔렸지만 그 후로는 매출이 부진했다. 그러다 1987년 이 제품을 '통근 상쾌'라는 이름으로 바꿔 시장에 내놓았고, 폭발적인 인기를 끌었다. '프레시 라이프'와 '통근 상쾌'라는 상품명의 차이는 단순히 재미와 화제를 준다는 데 있는 것이 아니다. '프레시 라이프'가 전달하지 못했던 샐러리맨이 이 제품을 신는 모습, 신어서 얻게 되는 이익을 '통근 상쾌'라는 새로운 이름으로 또렷하게 전달했던 것이다.

이처럼 상품명에서 상품을 이용하는 모습이나 이용함으로써 얻을 수 있는 이익이 소비자에게 잘 전달될 수 있도록 하는 것이 중요하다. 고객의 경험은 고유의 상품명이 되고 상품 컨셉이 된다.

차나 주스처럼 포화상태에 이르러 경쟁이 심한 상품은 상품명에서 전달하는 이미지가 중요하다. 따라서 상품명을 지을 때는 발음으로 전달되는 이미지, 어감에서 연상되는 이미지, 단어의 의미, 단어에서 연상되는 이미지 등을 감각적으로 다듬어야 한다 (그림 6-4).

한편, 새로운 부류의 상품은 기능을 연상시키거나 설명하는 상품명을 사용하는 경우가 많다. 1994년 브랜드 네이밍 대상을 받은 후지필름의 일회용 카메라 '우츠룬데스('찍힙니다'라는 뜻—옮

그림 6-4 **일본 무가당 음료의 명칭**

제품 (회사)	발매 정보	명칭 특징
우마차 (아사히 음료)	• 2001년 3월 발매 • 첫해 1,310만 상자	부드러운 맛과 깨끗한 뒷맛
나마차 (기린 음료)	• 2000년 3월 발매 • 첫해 2,250만 상자 2001년 3,500만 상자	누구라도 알고 있는 단어 맛을 직감할 수 있으며, 상상이 발휘되는 명칭. 생쵸코, 생맥주, 생햄에서 힌트를 얻음
키키차 (기린 음료)	• 2001년 발매 • 첫해 1,300만 상자	일본인의 오감을 자극하는 기호품으로 우롱차 마시는 법과 중국문화를 표현, 좋은 차의 '맛을 음미한다'는 즐거움을 명칭화
소우켄비차 (일본 코카콜라)	• 1993년 발매	무당차 카테고리로 가장 잘 팔림 상쾌하게, 건강하게, 아름답게
마로차 (일본 코카콜라)	• 2001년 3월 발매	부드러운 맛을 직접 명칭으로 사용
양롱차 (다이도 드링크)	• 1997년 연롱차로 발매 • 1999년 '양롱차'로 개명 • 2001년 95만 상자	우롱차, 녹차와 같은 차의 범주를 그대로 명칭으로 사용
쟈스민차 하나바나 녹차 (이토엔)	• 2001년 3월 발매 • 첫해 260만 상자	녹차에 꽃의 향기를 부여한 이름
노무차로 스기비차 (JT)	• 1999년 3월 발매 • 2001년 301만 상자	여섯 종류의 색깔로 분류되는 중국차를 섞음. 중국차의 미용과 건강 이미지
앗파레 시즈오카차 (포카 코퍼레이션)	• 1998년 10월 발매	훌륭하다, 과연, 맛있다

긴이)'가 대표적인 예다. 우츠룬데스는 '정말로 찍힐까'라는 고객의 의문에 솔직하게 대답한 것이다.

세 번째 명칭 부여 패턴은 브랜드가 확립되어 있는 경우, 상품명은 거의 기호에 가깝다는 것이다. '루이비통의 ○○', '샤넬의 ××', '입생로랑의 △△'는 일반 명사로 충분하다. 상품의 분야, 경쟁 상황, 입지, 상품 특성 등에 따라 명칭의 핵심은 달라진다. 상품 컨셉 중 어떤 요소를 상품명으로 활용할 것이냐에 따라 성공 여부가 판가름 나는 것이다. 따라서 전달해야 할 본질이 응축된 상품명을 생각해야 한다.

∷ 어떤 브랜드 네임을 선택할 것인가

'뷰트, 가류, 레이, 료가' 등은 어느 기업의 브랜드 네임일까? 어떤 브랜드와 어떤 상품을 연상시키는 것일까? 이것들은 '네오 클래식'이라는 치열한 틈새시장에서 살아남은 자동차의 브랜드 네임이다. 자동차가 개성적이면 브랜드 네임도 개성적이다.

일본 자동차회사는 신차를 개발하면 컨셉과 목표 고객에 맞춰 브랜드 네임을 제안하고 의미, 어감, 인상 등에 따라 결정한다. 예를 들면, 이프삼, 인프렛샤, 비츠, 윙 로드, 복시, 엑스 트레일, 에스티마, 엠피브이, 오딧세이, 캄리, 카로라, 큐브, 크라운, 사니, CRV, 시빅, 스테이지아, 스텝 웨건, 스트림, 셀시오, 세레나, 데미오, 노아, 비비, 팡카고, 피트, 프랏츠, 프리우스, 블루 버드 실피, 마크2, 마치, 란사, 레가시, 에스2000 등이다. 자동차의 특징은 잘 표현하고 있지만 어느 회사의 자동차인지는 알 수 없다. 게다가 비츠는 유럽에서는 야리스로 불리고, 엘프는 이스라엘에서는 스모로 불리며, 파제로는 북미에서 몬텔로로 출시되었고, 피트는 유럽에서는 재즈로 불리고 있으며, 마치는 유럽에서 마이크라로 불리고, 로드스타는 북미에서 MX5로 불리는 등 지역에 따라 자동차의 명칭도 달라진다.

1966년에 발매된 캐롤라는 여덟 번이나 모델을 교체했고, '왜건, 해치백, 스페셜리티 카' 같은 파생 차종을 내놓아 브랜드로서 긴 수명을 지켰지만, 혼다의 어코드, 시빅, 오딧세이, 피트는 개별적인 히트 상품일 뿐 '혼다' 라는 회사 브랜드는 그리 알려지지 않았다.

이에 비해 BMW는 'The BMW 18 ti, The BMW 5 Series, The BMW 7 Series, The new BMW 3 Series touring, The BMW Z3 roadster' 로 전부 'BMW △△△' 으로 통일하고 있다. 메르세데스도 'The E CLASS, The A CLASS, The C CLASS, The SLK' 처럼 회사 브랜드로 통일하고 있다. 따라서 소비자는 '7 시리즈' 라고 하면 BMW라는 것을 알 수 있고, 'E CLASS' 라고 하면 메르세데스임을 알 수 있다.

BMW나 메르세데스는 모두 차 자체보다는 BMW나 메르세데스에 승차한다는 점을 강조하고 있다. 일본 회사와는 브랜드 전략 면에서 차이가 있는 것이다. 최근 닛산도 '글로벌 네이밍' 이라는 컨셉으로 지역별 자동차의 명칭을 통일하기 시작했다.

또 다른 브랜딩 기법 중에 패밀리 브랜드가 있다. GM이나 포드

그림 6-5 상품 컨셉과 브랜드 네이밍

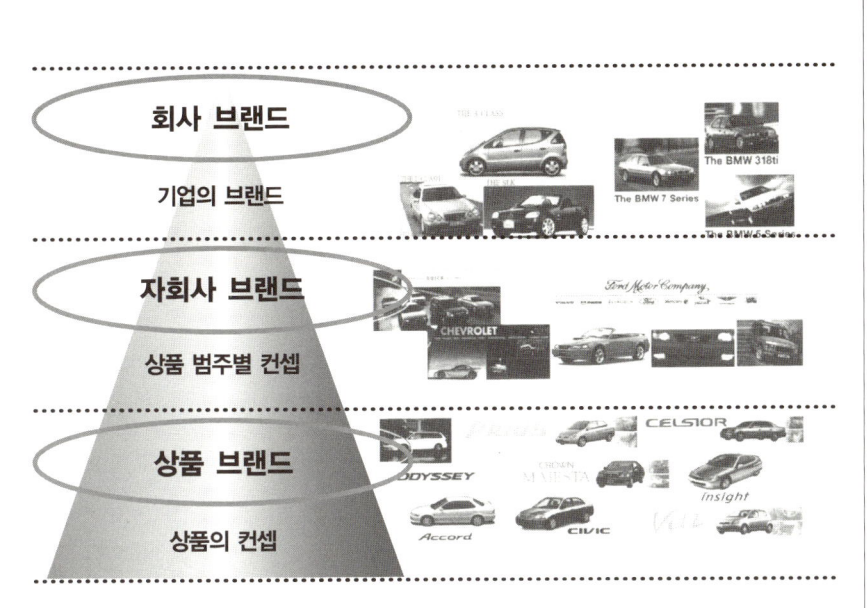

- 회사 브랜드 — 기업의 브랜드
- 자회사 브랜드 — 상품 범주별 컨셉
- 상품 브랜드 — 상품의 컨셉

가 이에 속한다. 오랜 세월 동안 많은 자동차회사와 브랜드를 매수해 왔기 때문에 이러한 브랜딩 방법을 취하는 것이다. GM의 뷰익, 시보레, 포드의 볼보, 링컨, 포드, 머큐리, 재규어, 애스톤마틴, 머칭, 랜드로바, 마츠다 등이 이런 예라고 할 수 있다.

어떤 상품명으로 상품의 컨셉을 전달할 것인지, 상품을 통해 어떻게 기업의 컨셉을 전달할 것인지 고려하는 자세가 중요하다. 그러기 위해서는 상품의 범주와 브랜드를 만드는 브랜딩 방법을 전반적으로 관찰하고, 상품을 어떻게 맞출 것인지를 파악해야 한다. 브랜드가 있는 기업은 각 상품이 브랜드에 미치는 영향을 계속해서 주시하고 있다는 사실을 명심해야 한다. 브랜드 네임은 더 이상 상품 자체만의 문제가 아니다(그림 6-5).

:: **브랜드 네임은 상품의 컨셉이다**

타큐빈(택배)은 훌륭한 브랜드 네임이다. 타큐빈이라는 브랜드 네임이 나온 과정을 살펴보자.

"상품에서 중요한 것은 브랜드 네임이다. 브랜드 네임은 상품의 매출을 좌우할 만큼 중요하며, 제품 자체를 드러내는 말이다. 우리는 새로운 운송 서비스를 제공하려고 한다. 그렇다면 새로운 운송 서비스의 특징은 무엇일까? 작은 소포를 보내야 할 경우 짐을 쌀 필요 없이 간단하고 편리하게 보낼 수 있다. 다음날 도착하기 때문에 빠르다. 운송비는 우체국의 소포 요금과 비슷해 저렴하다. 이러한 특성을 함축한 브랜드 네임은 무엇일까?"

이러한 시행착오 끝에 탄생한 것이 바로 타큐빈이다. 타큐빈은 '새로운 택배 서비스, 다음날 도착하는 신속함, 간편함, 저렴함'이라는 상품 컨셉이 응축된 브랜드 네임이다. 이 브랜드 네임은 야마토운송의 상징 마크인 '검은 고양이'가 되었고, '검은 고양이 야마토택배'로 발전했다.

'검은 고양이'에는 '어미 고양이가 새끼 고양이를 옮기듯이 조심스럽고 확실하게 짐을 운반한다'는 컨셉을 담고 있다. 야마토의 택배 서비스는 이미 정평이 나 있다. 한 통신 판매업자는 "일반 상품 배송은 다른 택배회사를 이용하더라도 중요한 물건이나 문제의 경우에는 야마토를 이용한다. 야마토의 직원은 대응하는 자세부터 다르기 때문이다"라고 말한다.

브랜드 네임이 상품 컨셉을 구체화하고, 상품이 그 컨셉을 뒷받침한다는 평가를 받았을 때 비로소 상품은 브랜드가 된다. 상품은 서비스이자 네트워크이고 시스템이기 때문에 브랜드를 확립하는 데 상당한 노력을 기울여야 한다.

브랜드는 기업의 사업 전망, 조직, 문화, 가치관에 연결되기 시작하면서 비로소 그 정체성이 확보된다. 타큐빈의 경우도 오쿠라라는 훌륭한 CEO가 상품 개발에서 브랜드 네이밍까지 관여하면서 리더십을 발휘했기 때문에 '타큐빈은 편리하고 손쉬운 택배 서비스'라는 브랜드를 구축할 수 있었다.

1989년 그랜드 메트로폴리탄이 만든 아이스크림 브랜드 '하겐다즈Haagen-Dazs'의 이름을 들으면 '최고급 전통 아이스크림'이라는 이미지가 떠오른다. 하겐다즈는 본고장인 유럽 시장에서도 무수히 많은 전통적인 브랜드를 제치고 고가 상품으로 자리 잡는 데 성공했다. 이렇게 성공을 거둔 것은 상품 컨셉에 대한 철저한 집착을 바탕으로 브랜드를 확립했기 때문이다.

'하겐다즈는 최고급 아이스크림'이라는 컨셉 때문에 이 제품은 세련되고 부유한 고객들이 선호하며, 경쟁사의 제품보다도 훨씬 고가로 팔린다. 철저한 컨셉 관리가 하겐다즈를 세계적인 브랜드로 발전시킨 것이다. 브랜드 네임은 곧 상품 컨셉이다. 이것이 브랜드를 만드는 기본이다.

'최고급의 아이스크림'이라는 컨셉은 간단하다. 아무나 말할

그림 6-6 브랜드가 되는 상품의 컨셉

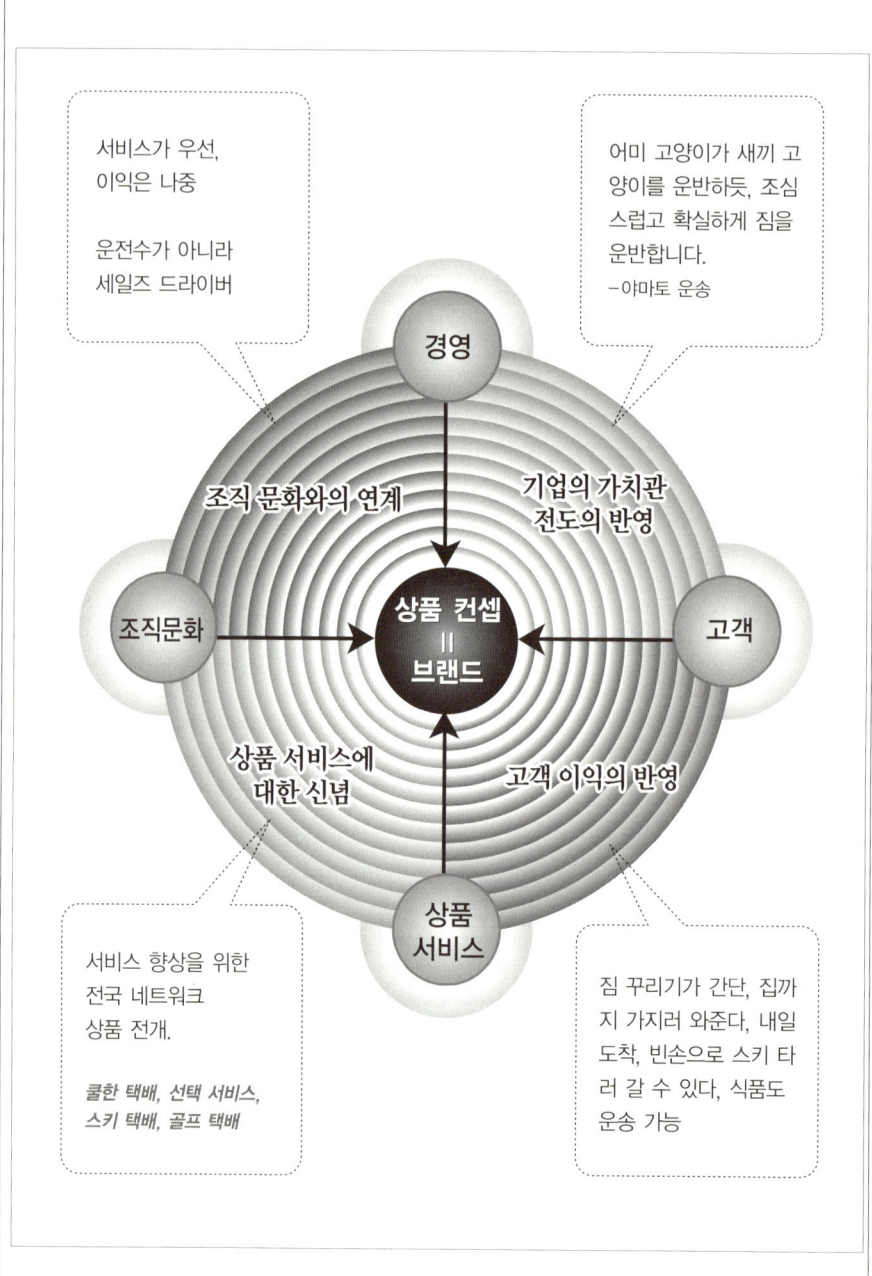

수 있다. 그러나 이러한 컨셉을 기업의 미션과 비전, 전략을 관통하는 진정한 최고급으로 끌어올리는 것은 말처럼 쉽지 않다. 하겐다즈의 성공은 최고급이라는 본질을 철저하게 심화시킨 후 시장에 침투시켜 구현했기 때문에 가능했던 것이다. 또 고객의 입장에서 체험했기 때문이다.

상품 컨셉에서 브랜드 네임이 연상될 뿐만 아니라, 기업명까지 연상되는 대표적인 기업이 바로 소니다. 워크맨, 바이오, 플레이스테이션, 아이보 등 소니의 히트 상품은 무엇이든 소니를 연상케 한다. 타사가 기술적으로 흉내 내지 못할 상품은 거의 없다. 단지 다른 점은 소니는 기술보다 상품의 컨셉을 중요시하고 그것을 명확하게 표현한다는 것이다.

시대에 발맞추는 것만으로는 안 된다. 왜 마쓰시타가 아니고 소니인가? 바로 상품에 그 이유가 반영되어 있다.

브랜드화한 기업은 개발의 '의미'와 '의지'가 컨셉의 유전자가 되어 모든 상품에 담겨 있다. 그러므로 기업의 컨셉과 상품의 컨셉이 크게 어긋나지 않는다. 또 상품의 컨셉에 기업의 미션, 비전, 전략이 컨셉으로 흐르고 있다(그림 6-6).

컨셉 잡기
••••

컨셉 트리를 이용한
상품 컨셉의 틀 짜기

:: 컨셉 트리에서 상품 컨셉을 모색한다

그러면 이제부터 실제로 상품 컨셉을 만들어 보자. 우선 컨셉 트리를 사용해 상품 컨셉의 대략적인 틀부터 만들어 보겠다.

상품 개발은 대개 막연한 전제 조건하에서 시작하는 경우가 많다. '우리는 기능성 음료 부문이 취약하다. 이 분야에서 히트할 만한 상품을 만들어 보자. 젊은 여성을 위한 좋은 상품은 없을까? 어떤 것이든 좋다' 하고 말이다.

가네보カネボウ식품의 '단밤을 벗겼습니다'는 '어른도 잘 먹는 과자'라는 관점에서, 다카라의 '베이블레이드BeyBlade'는 '남아용 전통 완구'라는 관점에서 개발되었다. 처음에는 상품을 형상화할 수 있는 것이 아무것도 없다. 이 때 활용할 수 있는 것이 컨셉 트리다.

모든 분야에서 프로가 될 필요는 없다. 확실한 컨셉만 있다면 기술이나 디자인, 기능 등 전문적인 부분은 프로에게 맡기면 된다. 그러기 위해서는 기술자나 디자이너, 기획자들이 '어, 그것 좋군요. 꼭 상품화하고 싶어요' 하며 협력하고 싶어 하는 매력적인 상품 컨셉을 만드는 것이 중요하다.

상품 컨셉은 컨셉 매트릭스에서 도출하는 것이지만, 상품 이미지가 막연한 경우에는 발상의 틀로서 컨셉 트리를 활용한다. 컨셉 트리에서 중요한 것은 가설이다. 어떤 목표와 기능으로 하면 좋을지, 목표 고객은 무엇에 가치를 두는지, 상품에 기대하는 것은 무엇인지 나름대로 가설을 설정한다. 컨셉 사고는 컨셉 트리에서 설정한 가설을 검증해 나가는 과정이기 때문이다.

:: 밀리언셀러를 만들어 보자

자, 우리에게 주어진 상품 개발 테마가 밀리언셀러를 만드는 것이라고 가정해 보자. 어떤 컨셉의 책을 만들어야 '1,000만 부 돌파' 같은 대히트를 칠 수 있을 것인가? 우선 가설을 설정해 보자. 100만 명이 읽는 책은 어떤 책인지, 지금 어떤 책이 잘 팔리고 있는지, 베스트셀러에는 어떤 책이 있는지, 어떤 장르의 책인지, 누가 히트의 방아쇠를 당겼는지, 책을 읽는 사람은 무엇을 바라고 읽는 것인지, 누가 책을 사는지 등 여러 가지 의문이 생길 것이다. 그런 의미에서 먼저 참고가 될 만한 정보를 살펴보자.

20세기 베스트셀러

- 『광직원廣辞苑』: 아라이 데, 이와나미신서, 1998년.
- 『창가의 토토』: 구로야나기 테츠코, 코단샤, 1981년.
- 『오체불만족』: 오토다케 히로타다, 코단샤, 2000년.
- 『길을 개척한다』: 마쓰시타 고노스케, PHP연구소, 1991년.
- 『노르웨이의 숲』: 무라카미 하루키, 코단샤, 1987년.
- 『가정의학』: 지지통신사, 1996년.
- 『번영의 법』: 오카와 류호, 행복의과학출판, 1999년.
- 『뇌 혁명』: 하루야마 시게오, 선마크출판, 1995년.
- 『일본 침몰』 상・하: 고마츠 사쿄, 코분샤, 1995년.

20세기 베스트셀러에는 수필이 많다. 소설은 『노르웨이의 숲』, 『일본 침몰』뿐이다. 『광직원』, 『가정의학』 같은 실용서적도 다루기 쉬운 장르다.

1990년 이후의 베스트셀러

- 『사랑받는 이유』: 니타니 유리케, 아사히신문사.
- 『복숭아 통조림』: 사쿠라 모모코, 슈에이샤.
- 『원숭이 의자』: 사쿠라 모모코, 슈에이샤.
- 『메디슨카운티의 다리』: 올라, 문예춘추.
- 『대왕생大往生』: 나가 로쿠스케, 이와나미신서.
- 『소피의 세계』: 요슈타인 가아더, NHK 출판협회.
- 『뇌 혁명』: 하루야마 시게오, 선마크 출판.

- 『비스트로스머프 완전 레시피』: 후쇼샤.
- 『신·인간 혁명』: 성교신문사.
- 『오체불만족』: 오토다케 히로타다, 코단샤.
- 『해리포터와 마법사의 돌』: 조엔 롤링

　1990년대 역시 에세이가 많다. 또 새로운 번역서 장르가 등장했다. 『소피의 세계』, 『해리포터와 마법사의 돌』은 무명작가가 세계적인 베스트셀러를 낸 좋은 사례다. 이 책들은 상상을 뛰어넘는 발상으로 어린이 도서의 장르와 철학을 접목시켜 부모가 읽어도 재미있는 어린이용 책이라는 새로운 분야를 구축했다고 볼 수 있다.

　최근 베스트셀러에 올라온 『누가 내 치즈를 옮겼을까?』, 『부자 아빠 가난한 아빠』, 『말을 듣지 않는 남자, 지도를 읽지 못하는 여자』 등은 독자의 공감대를 형성한다.

　비즈니스 서적도 『V자 회복 경영』, 『더 골』 등 공감과 방법론을 이야기로 풀어 쓴 것이 히트하는 경향이 있다. 갑자기 알게 된 사실이 아니라 모두가 한 번쯤 생각하고 느끼고 있던 것을 조금은 비일상적인 상황에 접목시켜 이야기를 풀어나간다. 사소하지만 새로운 지식, 작지만 새로운 발견, 조금만 돌아보면 알 수 있는 가까운 이야기들이다. 이는 '아주 작은 차이를 즐기고 싶다'는 현대인의 욕구 때문인지도 모른다.

　베스트셀러는 매체를 통해 화제가 되기도 하지만 대체로 입소문으로 알려지는 경우가 많다. 다른 사람에게 이야기하고 싶고,

다른 사람에게 권하고 싶다는 것은 자신의 생각이나 바람을 대변해 주고 있기 때문이다. 어머니가 아이에게, 상사가 부하에게, 아내가 남편에게 한 번쯤 생각하고 있던, 바라고 있던 것을 전달해 주는 것이다. 즉 베스트셀러는 '커뮤니케이션을 위한 도구가 된다'는 욕구에서 비롯되는 현상일지도 모른다.

그렇다면 『해리포터와 마법사의 돌』, 『소피의 세계』는 어떤 욕구를 자극한 것일까? 판타지, 어드벤처라는 비일상적인 세계를 다루었다는 점과 어린이에게 꿈과 창조력을 부여했다는 점 때문일까? 그렇지만 이 책들의 독자는 대부분 어른이다. 이는 현재의 자신이 아닌, 어린 시절의 자신이 주인공과 함께 이상한 세계를 체험한다는 이중 유사 체험이 가능하기 때문이다. 결국 '아이의 관점에서 이야기를 즐긴다'는 욕구 때문일 수도 있다.

그렇다면 컨셉 트리를 생각해 보자. 트리는 요소 정리와 고객 관점이라는 방법으로 구성된다. 상품 가설이 '요소 정리', 제공할 체험의 가설이 '고객 관점'이다. 요소 정리는 문제의식, 목적의식에서 도출된다. 보통은 목표, 윤곽, 기능을 생각하지만, 여기서는 베스트셀러라는 상품이므로 기능 대신 장르, 테마 등을 생각해야 한다. 고객 관점은 이익과 상황으로 생각한다. 여기서는 욕구와 내용에서의 상황(상황 설정, 스토리, 등장인물)에 해당한다.

:: 목표 고객에 따라 달라지는 상품의 컨셉

컨셉 트리를 만들 때 첫 번째로 고려해야 할 사항은 목표 고객을 정하는 것이다. 밀리언셀러를 만든다고 모든 사람을 목표 고객으로 해서는 안 된다. '누구를 대상으로 책을 만들어야 빅히트를 칠 수 있을 것인가'라는 관점에서 목표 고객을 설정해야 한다. 이를 위해서는 연령, 성별, 가족 구성, 직업, 학력 등 '속성'을 생각할 수도 있고, '변화를 좋아하는 혁신형', '무엇이든 아이와 함께 즐기려는 가족형', '깊이 있게 알고 싶어 하는 지적 호기심형', '인생을 즐기고 싶어 하는 쾌락형' 등 라이프스타일이나 가치관을 생각할 수도 있다. 속성과 라이프스타일, 가치관 등을 모두 고려하면 목표 고객을 설정하기가 쉬워진다.

예를 들어 초등학교 3학년에서 6학년에 재학 중인 아이를 둔 35세부터 45세의 주부, 건강한 중·장년의 남성, 깨끗함을 좋아하는 20~30대 독신 여성, 게임방 및 TV 게임을 즐기며 자라난 버추얼 세대, '세계 오지 체험기'에 열광하는 젊은이, 비즈니스 최전선에서 고군분투하는 30~40대 직장인 등을 목표 고객으로 삼을 수 있다.

우선, 속성의 관점에서 목표 고객을 찾아내고 고객에 대한 뚜렷한 윤곽을 잡아 나간다. 목표 고객이 어머니라면 자녀, 가족, 커뮤니티, 사회활동, 직장 등의 영역에 관심이 쏠릴 것이다. 집안일을 하는 동안 틈틈이 읽을 만한 쉬운 문체에, 어머니 모임에서 화제에 오를 수 있는 내용을 다루어야 할 것이다. 예를 들면 '에세이 종류의 자녀 육아서', '가까이에 두고 싶은 처세술', '아이에게 읽히고 싶은 이야기' 등을 들 수 있다.

목표 고객이 건강한 중·장년 남성이라면 자연주의 식품, 의학

상식, 일, 병에 대한 예방 등에 관심이 많을 것이다. 따라서 참고서처럼 깊이 있게 읽고 회사 모임에서 지식을 피력할 수 있는 지식 정보 관련 책이 적합할 것이다. 또 '한 집에 한 권 건강 독본', '먹으면서 치료하는 예방의학', '의사가 필요 없는 지혜', '건강 생활 가이드' 등도 가능할 것이다. 한편 노령화가 나타나는 시기이므로 글씨 크기도 키우고 너무 두껍지 않게 만드는 배려도 필요하다.

버추얼 세대를 목표 고객으로 설정했다면 모험이나 전쟁, 독신 직업여성이라면 휴식, 비즈니스맨이라면 성공이나 스트레스 해소법 등이 컨셉 요소가 될 것이다.

목표 고객이 바뀌면 상품 컨셉도 바뀐다. 그리고 목표 고객을 철저하게 심화시켜 나가면 지금까지 보이지 않던 요소가 보이게 된다. 목표 고객을 정하면 목표 고객을 중심으로 다음 단계를 생각한다. 여기서 왜 이 목표인가 하는 명확한 근거는 필요 없다. '누가 읽는 책을 만들고 싶은가'를 결정하고 다음으로 넘어간다. 트리를 전부 채워 보고, 이 목표 고객으로는 안 되겠다고 생각되면 다시 1단계로 돌아가 재검토하면 된다.

:: 목표 고객의 윤곽을 명확하게 한다

목표 고객을 설정했다면 구체적인 윤곽을 잡아 나간다. 만약 목표 고객이 소년이라면 다음과 같이 될 것이다.

- 학원, 수험, 성적, 플레이스테이션이 생활의 대부분인 열두 살 소년. 단독 주택에 살고, 아버지는 대기업에 근무하며 어머니는 테니스광인 전업주부의 외동아들이다. 학원에서 만난 친구들과 사이가 좋다. 좋아하는 책은 '게임 공략법'이다.
- 축구에 열중하는 열세 살 소년. 공무원인 부모님과 맨션에 산다. 공립 중학교에 다니며 성적은 중·상위권이다. 두 살 많은 형이 있고, 축구 팀 아이들과 친하다. 좋아하는 책은 '스포츠 관련서'다.

가능한 한 구체적이고 상세하게 기입한다. 가상의 프로필을 작성하는 것은 목표 고객이 누구인지 명확하게 하기 위해서다. 윤곽을 잡아 가는 과정에서 몇 가지 목표와 이미지가 떠오르면 그 다음은 목표 고객의 입장에 서서 책을 통해 어떤 것을 경험하고 싶은지 생각해 본다.

∷ **목표 고객의 욕구는 무엇인가?**

학교와 학원에서 하루를 보내고, 일요일에는 자기 방에서 게임을 즐긴다. 어머니는 얼굴만 마주치면 공부하라는 말뿐이고, 아버지와는 가끔 얼굴을 마주쳐도 거의 대화를 하지 않는다. 이런 열두 살 소년에게는 어떤 꿈과 희망, 스트레스가 있을까? 소년의 입장에서 생각해 보자.

- 게임 세계의 영웅이 되고 싶다.
- 시험 없는 자유로운 나라에 가고 싶다.
- 무엇이든 내 생각대로 되는 마법을 부릴 수 있으면 좋겠다.

:: 목표 고객이 경험하고 싶은 상황을 찾는다

목표 고객이 바라고 있는 것을 상상할 수 있다면 다음에는 어떤 요소들로 이 욕구를 충족시킬 수 있을지 생각한다. 이 때 테마, 상황, 등장인물, 스토리를 설정한다. 자동차에 비유하자면 배기량이나 엔진 성능, 디자인, 색상 같은 것이고, 식품이라면 맛, 원재료, 조리 방법 등일 것이다. 자, 공부로 인한 스트레스를 게임으로 해소하는 열두 살 소년이 경험하고 싶은 상황은 무엇일까?

- 주제: 선이 악을 물리친다.
- 장소: 지구 이외의 혹성
- 등장인물: 악의 군단, 영웅, 병사
- 스토리: 세계를 정복하려는 악의 군단을 특수한 힘을 지닌 영웅이 무찌른다.

- 주제: 인간의 자아와 사랑
- 장소: 가까운 미래와 먼 미래
- 등장인물: 로봇 소년, 엄마
- 스토리: 사람을 사랑하는 로봇 소년의 슬픈 경험담

그림 6-7 밀리언셀러의 컨셉 트리

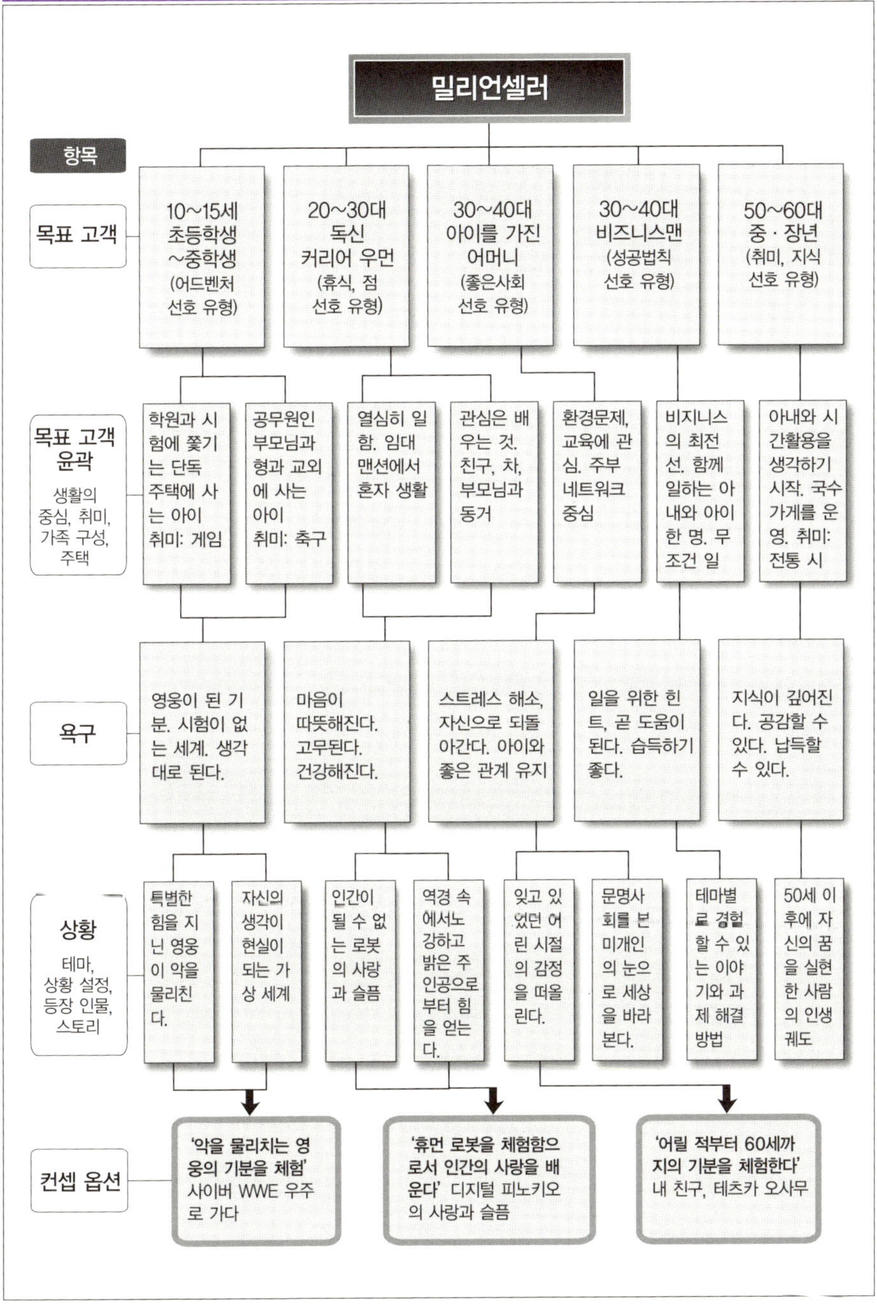

밀리언셀러

항목					
목표 고객	10~15세 초등학생~중학생 (어드벤처 선호 유형)	20~30대 독신 커리어 우먼 (휴식, 점 선호 유형)	30~40대 아이를 가진 어머니 (좋은사회 선호 유형)	30~40대 비즈니스맨 (성공법칙 선호 유형)	50~60대 중·장년 (취미, 지식 선호 유형)
목표 고객 윤곽 (생활의 중심, 취미, 가족 구성, 주택)	학원과 시험에 쫓기는 단독주택에 사는 아이 취미: 게임	공무원인 부모님과 형과 교외에 사는 아이 취미: 축구	열심히 일함. 임대 맨션에서 혼자 생활	관심은 배우는 것. 친구, 차, 부모님과 동거	환경문제, 교육에 관심. 주부 네트워크 중심	비지니스의 최전선. 함께 일하는 아내와 아이 한 명. 무조건 일	아내와 시간활용을 생각하기 시작. 국수가게를 운영. 취미: 전통 시
욕구	영웅이 된 기분. 시험이 없는 세계. 생각대로 된다.	마음이 따뜻해진다. 고무된다. 건강해진다.	스트레스 해소, 자신으로 되돌아간다. 아이와 좋은 관계 유지	일을 위한 힌트, 곧 도움이 된다. 습득하기 좋다.	지식이 깊어진다. 공감할 수 있다. 납득할 수 있다.
상황 (테마, 상황 설정, 등장 인물, 스토리)	특별한 힘을 지닌 영웅이 악을 물리친다.	자신의 생각이 현실이 되는 가상 세계	인간이 될 수 없는 로봇의 사랑과 슬픔	역경 속에서 노력하여 밝은 주인공으로부터 힘을 얻는다.	잊고 있었던 어린 시절의 감정을 떠올린다.	문명사회를 본 미개인의 눈으로 세상을 바라본다.	테마별 경험할 수 있는 이야기와 과제 해결 방법	50세 이후에 자신의 꿈을 실현한 사람의 인생 궤도
컨셉 옵션	'악을 물리치는 영웅의 기분을 체험' 사이버 WWE 우주로 가다		'휴먼 로봇을 체험함으로서 인간의 사랑을 배운다' 디지털 피노키오의 사랑과 슬픔		'어릴 적부터 60세까지의 기분을 체험한다' 내 친구, 테츠카 오사무

제6장 히트 상품을 만드는 컨셉

- 주제: 자신의 의지로 세계는 바뀐다.
- 상황 설정: 가상 세계
- 등장인물: 주인공 소년, 가상 세계의 친구, 이상한 생명체
- 스토리: 자신의 생각대로 실현되는 가상 세계에서 생각한다는 것의 소중함을 배운다.

:: **키워드로 컨셉 옵션 만들기**

트리가 완성되었으면 마지막으로 컨셉 옵션을 만들어 보자.

컨셉 옵션이란 상품 컨셉 가설이다. 우선 트리 전체를 위에서부터 조망해 보고 머릿속에 떠오르는 키워드를 적는다. 트리에 기입한 단어에 집착할 필요는 없다. 위에서 아래로, 아래에서 위로, 왼쪽에서 오른쪽으로 왔다 갔다 하면서 떠오르는 키워드를 적어 보면 된다. 대략 35개 정도가 좋다.

이 때 중요한 것은 각 키워드의 특징이 명확해야 한다는 점이다. 비슷한 키워드를 여러 개 적지 않도록 주의하자. 키워드가 정해지면 각각의 키워드에서 컨셉 옵션을 그려본다. 컨셉 옵션은 '○○에서 △△한 ××상품'과 같이 표현한다.

예를 들면 영웅, 모험, 로봇이라는 키워드가 정해졌다면 각각 '악을 물리치는 영웅의 기분을 체험하자. 사이버 WWE, 우주에 가다!', '오싹오싹, 두근두근 어드벤처, 내 친구 테츠카 오사무', '휴먼 로봇이 되어 인간에 대해 생각한다. 디지털 피노키오의 사랑과 슬픔'과 같이 할 수 있을 것이다(그림 6-7).

컨셉 잡기
••••

컨셉 매트릭스를 이용한 상품 컨셉 만들기

:: 컨셉 매트릭스를 채우는 순서

컨셉 트리가 완성되면 컨셉 매트릭스로 가설을 검증해 보자. 상품 컨셉은 상품명과 상품 광고 문구에 나타나는 경우가 많다. 밀리언셀러의 컨셉은 책 표지나 띠지 카피 문구, 제목에 나타난다.

컨셉 매트릭스는 4단계 컨셉 사고로 정리한다.

① 요소 정리: 목표, 윤곽, 기능(테마)
    누구에게 무엇을 제공할 것인지, 상품의 특징을 부각시킨다.
② 고객 관점: 욕구, 상황(상황 설정, 스토리, 등장인물)
    누가 어떤 경험을 할 수 있는지 명확하게 한다.
③ 본질 숙성: 변수의 조합, 전환, 반응
    상품 컨셉의 특징을 극대화하는 시행착오 과정을 거친다.
④ 핵심 메시지: 상품명(제목), 홍보 문구

상품 컨셉을 응축한다.

매트릭스를 채우는 과정을 거치면서 상품 컨셉은 본질에 가까워진다. 매트릭스는 세로 방향으로 옵션마다 순서대로 채우는 것이 원칙이다. 이렇게 하면 각 옵션 이미지가 더욱 명확해진다. 개별적으로 요소 정리와 고객 관점의 칸에는 트리에서 합치된 내용으로 채운다.

본질 숙성에서는 요소 정리와 고객 관점에서 정리한 내용을 재조합하거나 전환하여 새롭게 형상화하고, 컨셉 트리의 마지막에 작성한 컨셉 옵션을 재검토해 채워 넣는다.

핵심 메시지는 '이 상품은 한마디로 말하면 △△이다' 라는 것이다. 즉 상품명 혹은 제목의 기본이 된다.

옵션 A · B · C는 컨셉 트리의 마지막에 정리한 컨셉 옵션에 편의상 A · B · C로 붙인 것이다(그림 6-8).

- 옵션 A: 악을 물리치는 영웅의 기분을 체험한다.
- 옵션 B: 오싹오싹, 두근두근 어드벤처.
- 옵션 C: 휴먼 로봇의 입장을 경험함으로써 인간에 대해 생각한다.

그렇다면 옵션 A의 네 가지 요소를 살펴보자.

그림 6-8 **밀리언셀러의 컨셉 매트릭스**

			옵션A	옵션B	옵션C
요소 정리	누구에게 무엇을 제공하는 상품인가?	목표	10~15세 초등학생, 중학생 (어드벤처 선호 유형)	20대~30대 독신 직업 여성 (휴식, 점 보는 것을 선호하는 유형)	30~40대 아이를 가진 엄마 (좋은사회 선호 유형)
		윤곽	학원·수험공부에 쫓긴다. 단독주택에 사는 외동아들. 취미는 게임.	열심히 일함, 임대 맨션에서 혼자 생활, 치유계열 상품의 주된 구매자.	환경문제, 교육에 관심, 주부 네트워크가 중심, 어린 시절 문학소녀.
고객 관점	누가 어떤 경험을 하는 상품인가?	상황 (상황 설정, 스토리, 등장인물)	특별한 힘을 지닌 영웅이 악의 세력을 물리친다.	인간이 될 수 없는 로봇의 사랑과 슬픔.	어린 시절에 대한 그리움과 함께 잊고 있었던 감정을 떠올린다.
		이익 (욕구)	영웅의 기분, 시험이 없는 세계, 생각대로 된다.	마음이 따뜻해진다. 용기를 북돋워 준다. 건강해진다.	스트레스 해소, 자신으로 되돌아간다. 아이와 좋은 관계.
본질 숙성	또 다른 가능성이 없는가?	풍부화·옵션	악을 물리치는 영웅의 기분을 체험.	로봇의 관점을 체험함으로써 인간을 생각한다.	어린 시절의 기분을 거슬러 올라가 체험한다.

핵심 메시지		명칭 부여 (타이틀)	'공간의 힘' 사이버 WWE	'기계가 마음을 가질 때' 디지털 피노키오	'기억의 모래 먼지' 테츠카 오사무의 친구
이 상품의 본질과 특징을 한마디로 정의하면?		홍보 문구	전설 속에 잠들어 있던 힘을 발견한다.	당신은 당신을 사랑하는 로봇의 슬픔을 알고 있습니까?	문득 깨닫고 보니 어린 시절의 내가 있다.

:: 요소 정리

요소 정리 단계에서 목표 고객, 윤곽, 기능(테마)을 분명하게 정한다.

- 목표 고객: 열세 살 전후의 소년.
- 윤곽: 학원, 시험, 성적, 플레이스테이션이 생활의 전부라고 해도 과언이 아닌 열두 살 소년. 단독 주택에 살고, 아버지는 대기업에 근무하고, 어머니는 테니스광인 전업주부. 외동아들. 학원 친구들과 친하며, 좋아하는 책은 '게임 공략법'.
- 기능(테마): 선이 악을 물리치는 사이버 WWE.

:: 고객 관점

고객 관점에서는 이익(욕구), 상황(상황 설정, 스토리, 등장인물)을 분명하게 한다.

- 이익: 게임 세계의 영웅이 된 기분을 느낀다.
- 등장인물: 악의 군단, 영웅, 병사
- 상황 설정: 지구 이외의 혹성
- 스토리: 세계를 위협하는 악의 군단을 무찌르기 위해 특수한 훈련을 받고 신비한 힘을 가지게 된 영웅의 이야기. 엔터테인먼트 레슬링의 특징을 접목시킨다.

:: **본질 숙성**

본질 숙성에서는 옵션별로 가능한 요소의 조합을 생각한다.

열세 살 전후의 게임을 좋아하는 소년이 읽고 싶어 하는 '악을 물리치는 영웅의 기분을 체험할 수 있는 책'은 어떤 책인지 생각해 본다. 각각의 요소와 컨셉을 맞추어 나간다.

이 때 어느 요소를 핵심으로 할 것인지 판단하는 일이 가장 중요하다. 상품을 개발할 때는 상품의 특성에 초점을 맞추기도 하지만, 대개 목표 고객과 고객이 얻게 될 이익을 먼저 고려한다. 컨셉 매트릭스를 작성하는 과정에서 적합하지 않다고 생각될 경우에는 컨셉 트리로 다시 돌아와 힌트가 될 만한 내용을 찾거나 새로운 내용을 생각하도록 한다.

:: **컨셉 옵션의 평가**

컨셉 매트릭스가 완성되면 각각의 옵션을 평가해 보자.

옵션은 본질 수성도에 관한 항목 2개, 차별적 우위성에 관한 항목 2개 등 총 4개 항목(차별성, 우위성, 설득력, 응축성)으로 평가한다. 차별성은 다른 상품과 어느 정도 차이가 있는지 체크하는 것이다. 우위성은 다른 상품과 비교해서 얼마나 훌륭한지, 설득력은 목표 고객에게 어느 정도 납득시켜야 하는지, 응축성은 얼마나 본질을 꿰뚫고 있는지 파악하는 것이다. 이렇게 해서 최종적으로 하나의 컨셉을 결정한다(그림 6-9).

그림 6-9 옵션 평가

점검 항목과 내용		컨셉 옵션		
		옵션A	옵션B	옵션C
차별 우위성	① 차별성 다른 상품과 차이가 있는가? 명확한가?	△	◎	X~XX
	② 우위성 다른 상품보다 훌륭한가?	O	O	◎
본질 숙성도	① 본질 응축성 본질의 핵심이 응축되어 있는가?	O	◎	△~X
	② 설득력 컨셉의 장점을 납득할 수 있는가?	◎	△	◎

:: 핵심 메시지

 마지막으로 핵심 메시지는 '이 상품은 한마디로 표현하면 △△이다' 라는 것이다. 상품이라면 상품명, 혹은 광고 문구일 것이며, 책이라면 제목과 책 표지, 띠지 문구가 될 것이다.
 예를 들면, 제목이나 홍보 문구는 '전설 속에 묻혀 있던 힘을 발견하다' 정도가 될 것이다. 실제로 WWE의 특징이 우주로 확산되어, 악당과 영웅이 혼재된 시나리오가 될 것이다. 그렇다면 '사이버 WWE 우주로 가다' 라는 제목은 어떨까?

제7장

광고의 컨셉

상품의 컨셉이 분명해야 광고 컨셉도 명확하다
히트 상품을 낳는 광고 컨셉의 공통점
컨셉 트리를 이용한 광고 컨셉 분석
컨셉 매트릭스를 이용한 광고 컨셉 만들기

컨셉 잡기

상품의 컨셉이 분명해야 광고 컨셉도 명확하다

:: 컨셉이 탄생하는 순간, 광고 컨셉도 태어난다

출시되는 상품마다 모두 히트할 수는 없다. 경영자원의 대부분을 투입한 상품조차 소비자의 까다로운 평가로 인해 시장에서 퇴출되는 경우가 허다하다.

이런 상황에서도 소비자에게 인정받고 확실하게 성공하는 상품이 있다. 바로 도요타의 비츠, 혼다의 피트, 다카라의 베이블레이드, 산토리의 다카라 등이다. 히트를 치는 상품은 컨셉이 확실하다. 어디에나 있는 상품이 아니다. 특징이 뚜렷하다. 그리고 이런 컨셉을 시대의 변화에 맞추어 계속 진화해 나간다. 이것이 히트 상품을 만드는 주요인이다.

예를 들면 상품개발자는 '음, 이것은 분명히 히트할 거야'라고 자신하는 상품을 시장에 내놓는다. 그리고 "이 제품의 특징과 개발 배경은 이렇습니다. 소비자 여러분들은 이 제품으로 이런 것들을 하실 수 있습니다" 하며 많은 사람들에게 상품을 알리려고 할 것이다.

상품이 지니고 있는 의미와 가치, 즉 컨셉을 전달하는 것이 바로 광고다. 상품 컨셉이 분명할수록 광고 컨셉은 명확해진다. 그렇다고 해서 광고를 대량으로 내보내는 것이 히트 상품을 만드는 비결은 아니다.

세계적으로 유명한 광고 에이전시 위든앤케네디Weiden+Kennedy의 크리에이터는 "이제 광고 하나로 사람들을 움직이는 시대는 끝났다"고 주장한다. 상품과 광고의 관계는 네 가지 현상으로 설명할 수 있다.

- 광고도 히트하고, 상품도 히트한다(대성공, 목표 적중).
- 광고는 히트했지만 상품은 팔리지 않는다(상품의 매력이 부족한 것은 아닐까? 광고 컨셉과 부합하지 않는 것은 아닐까?).
- 광고는 히트하지 못했지만 상품은 히트했다(상품 자체에 매력이 있다).
- 광고와 상품 모두 히트하지 못했다(대실패, 처음부터 다시 시작해야 한다).

기업의 입장에서 보면 광고와 상품 모두 성공하는 것이 중요하다. 그러기 위해서는 상품 개발 컨셉이 명확해야 하고, 컨셉을 충분히 끌어내 소비자에게 전달할 수 있는 새로운 발상의 광고가 필요하다. 기업과 상품 모두 소비자에게 주목받고, 더 나아가 제

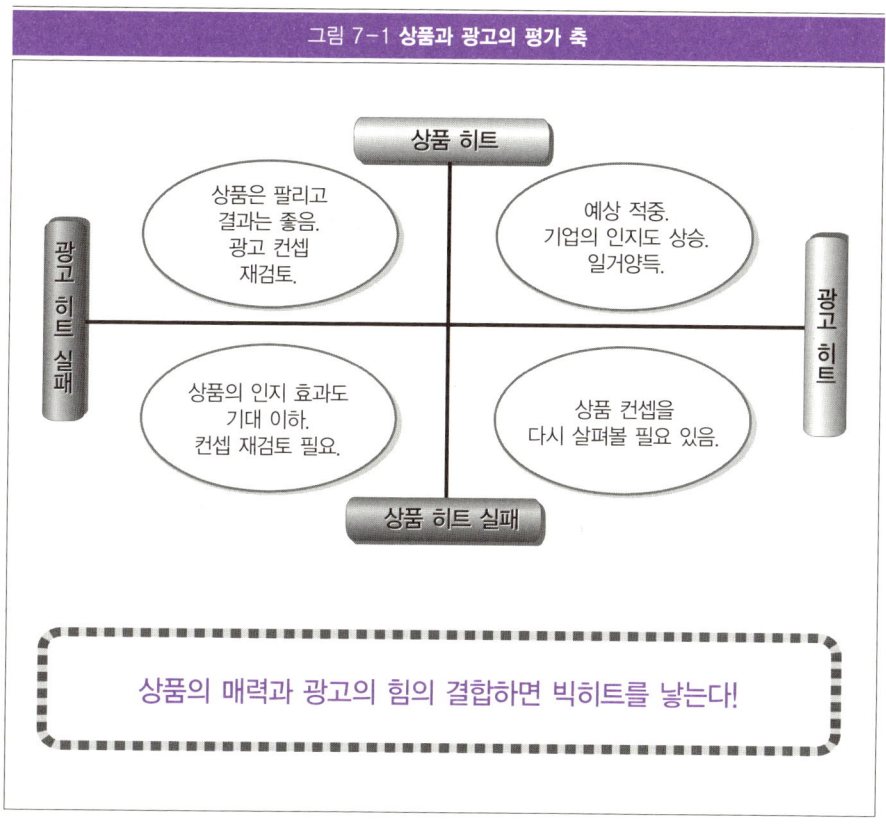

품이 잘 팔린다면 개발자는 더할 나위 없이 행복할 것이다.

1970년대 후반 일본 최초로 온수식 비데를 개발한 토토의 사례를 살펴보자. 그 전까지 일본인에게는 '화장실에서 볼일을 본 후 온수로 씻는다'는 행동양식이 없었다.

1982년 토토는 '엉덩이도 씻어 주기를 원한다'는 컨셉으로 광고를 내보냈다. 외출하고 돌아오면 손을 씻듯이 볼일을 보고 난 후 엉덩이도 씻어 주기를 원한다는 것이었다. 소비자는 '과연!' 하고 무릎을 쳤다.

그 후 계속된 광고의 컨셉은 '엉덩이도 깨끗하게'였다. 엉덩이의 청결함, 씻고 난 후의 상쾌함을 반복해서 강조했다. 직설적이고 알아듣기 쉬운 광고 컨셉이었다. 그 결과 '온수식 비데=토토'라는 등식이 소비자에게 깊게 각인되었고, 60퍼센트가 넘는 시장 점유율을 달성할 수 있었다.

그러나 이런 큰 성공을 거두는 기업은 많지 않다. 광고는 빅히트를 쳤지만 상품은 히트하지 못한 사례도 많다. 이러한 사례로 2001년 삿포로맥주의 '삿포로 블랙라벨의 두 남자 대결 시리즈'를 꼽을 수 있다. 유명한 영화배우 도요카와 에츠시豊川悅司와 야마자키 츠토무山崎努가 대결하는 이 광고는 광고 대상인 ADC상, ACC그랑프리상을 획득할 정도로 엄청난 화제를 불러일으켰다. 그리고 탁구 편, 노래방 편, 눈싸움 편 등 시리즈로 만들어졌다.

그러나 가장 중요한 삿포로 블랙라벨의 매출은 오르지 않았다. 오히려 2001년의 삿포로 블랙라벨의 출하량은 6퍼센트 감소했다. 광고의 재미, 훌륭한 영상은 소비자 기억에 남았지만 상품의 중요한 이미지는 전달되지 않았던 것이다.

반면 광고는 히트하지 못했지만 히트 상품이 된 경우도 많다. 폭발적인 인기를 누리고 있는 다카라의 베이블레이드가 대표적인 예다. 다카라는 베이블레이드에 대한 광고를 거의 하지 않았다. 그러나 '아버지들이 어린 시절 갖고 놀았던 그리운 팽이를 현대판으로 만든 하이테크 팽이'라는 개발 컨셉으로 베이블레이드는 빅히트를 쳤고, 수많은 아버지들은 품절된 장난감을 찾아 완구점을 헤맸다.

한편 최악의 상황은 광고는커녕 상품조차 히트하지 못한 경우다. 매력 없는 물건을 광고로 포장할 수 있다고 생각하는 것은 큰 착각이다. 광고와 판매 모두 실패했다면 우선 상품을 재검토해야 한다. 시대의 본질을

성인 남성을 타겟으로 컨셉을 제안한 다카라의 '베이블레이드'

파악하고, 특징을 명확하게 하고, 차별성을 가진 상품의 본질을 광고로 전달할 때 상품의 매력에 광고의 힘이 더해져 황금거위가 탄생하는 것이다.

연간 약 1만 6,000종의 TV 광고가 쏟아져 나온다. 신문 광고나 라디오, 버스나 지하철의 랩핑 광고 등 다른 미디어 분야까지 포함하면 소비자는 광고의 홍수 속에 놓여 있다고 해도 과언이 아니다. 그러나 이렇게 많은 광고 중에는 소비자의 기억에 남지 못하고 사라져 가는 광고가 더 많다.

광고는 단순히 소비자와 커뮤니케이션 수단이라는 틀을 뛰어넘어 사람들 입에 오르내리며 화제가 되기도 하고, 히트를 치기도 하고, 문화로 승화되기도 한다.

그렇다면 무엇을 기준으로 히트 광고를 규정할 수 있을까?

- 상품의 매출에 공헌했다.
- 기업의 이미지를 끌어올렸다.

- 광고 자체가 화제가 되었다.
- 광고에 기용된 탤런트의 인기가 급상승했다.
- 광고에서 사용한 대사가 유행어가 되었다.
- 광고에서 사용한 음악이 히트했다.
- 광고 관련 상을 수상했다.

마케팅을 공부한 사람이라면 AIDMA와 AMTUL이라는 용어를 한번쯤은 들어본 적이 있을 것이다. 이 용어들은 소비자 구매행동모델과 관련된 용어다. AIDMA은 Attention(주의를 환기한다), Interest(흥미를 유발한다), Desire(갖고 싶다), Memory(기억한다), Action(구매한다)의 합성어다. 한편 AMTUL은 Awareness(떠오른다), Memory(기억한다), Trial use(시험 삼아 사용해 본다), Usage(사용한다, 구매한다), Loyalty(팬이 된다)의 합성어다.

AIDMA에 의하면 상품을 소비자의 머릿속에 각인시켜 최종 목표인 구매로 연결될 수 있게 만드는 것이 광고의 역할이다. 기업명이나 상품명을 고객에게 각인시키고, 적극적으로 구매하게 만드는 것이다. 또 많은 상품 중에서 선택할 때 '그러고 보니 이 상품의 광고를 봤어' 하고 머릿속에 떠올리게 하여 구매로 연결시키는 것이다. 이것이 광고의 역할이다.

AMTUL은 소비자와 제품과의 관계가 더욱 강화된 모델이다. 사이칸再春館제약은 콜라겐을 이용한 화장품을 제조, 판매하는 기업이다. 그런데 소비자는 제품을 무턱대고 살 수는 없다. 소비자는 샘플을 사용해 보고 만족스러우면 구매한다. 이 회사의 광고는 상품의 높은 질, 얼마나 정성스럽게 제조했는지를 소비자에게 호소하며 샘플을 청구해 한번 사용해 보라고 광고한다. 이러한 광고는 '당신이 지금 사용하려는 상품은 우리가 심혈을 기울여 만든 상품입니다'라고 호소할 수 있어야 한다.

한번 사용해 본 사람이 '이 제품은 안심할 수 있고, 정성이 담긴 제품이다'라는 생각을 하면 그 상품의 팬이 된다. 이것이 AMTUL의 광고 효과다. AIDMA인지 혹은 AMTUL인지는 상품에 따라 달라지겠지만 상품을 심혈을 기울여 만들고, 기억하게 하고, 구매로 연결되는 광고만이 빅히트라는 성과를 얻을 수 있다.

한편 도요타, 닛세이식품, 산토리, 소니, NTT도코모, 코카콜라는 히트 광고를 연달아 내는 기업이다. 이 기업의 광고에는 분명한 컨셉이 있다. 브랜드에 힘이 있고, 생산하는 상품의 컨셉이 뛰어나기 때문이다. 브랜드와 상품 컨셉이 애매하면 광고 역시 소비자의 주목을 끌 수 없다.

:: 광고 컨셉은 전달해야 할 메시지를 응축시킨 것이다

광고 컨셉은 광고가 표현하는 메시지 그 자체다. 즉 광고를 통해 '무엇을 어떻게 전달할 것인가' 하는 것이다. 상품에 비유하자면 상품의 특징, 고객 이익, 다른 제품에는 없는 차별성 등이다. 기업이라면 미션·비전, 전략, 브랜드 등이 된다.

결국 광고는 기업이나 상품의 차별적 우위성을 명쾌하고 본질적으로 나타내는 것이다. 상품에는 컨셉이 있고, 기업에도 역사

와 브랜드, 사업 컨셉이 있다. 이것을 제외한 광고 컨셉은 있을 수 없다. 상품 컨셉, 광고 컨셉은 결국 하나의 응축된 메시지다. 컨셉이 없는 광고는 '무엇을 전하고자 하는가'라는 의문만 남길 뿐 소비자의 기억에는 남지 않는다.

광고 컨셉은 공통적인 시대 배경과 비슷한 사고방식을 가진 사람들에게 전달되기 쉽다. 예를 들면 붐을 일으켰던 유니클로 광고에는 불필요한 대사도 음악도 없다. 지극히 심플함, 그 자체다. 가지각색의 양모가 나란히 서서 움직인다. 마지막에 1,900엔이라는 자막이 나올 뿐이다. 혹은 무심히 움직이고 있는 남녀가 있고, 마지막에 한마디 텔롭(telop: TV 방송 중에 나오는 삽입 글자-옮긴이)이 나온다.

유니클로의 상품 컨셉은 '캐주얼 베이직'이다. 즉, 합리적이고 기능적인 저가의 고품질 제품이라는 것을 무언의 광고로 강렬하게 알리는 것이다. 캐주얼의 기본은 바로 유니클로라는 의미다.

당시 유니클로 광고는 세계적인 광고 에이전시 회사인 위든앤케네디가 참여했다. 그러나 일본에서는 새로운 발상의 광고라는 평가를 받았음에도 불구하고 칸에서는 인정받지 못했다.

컨셉을 받아들이는 사람의 심리나 시대 배경에 차이가 있으면 컨셉은 잘 전달되지 않는다. 따라서 광고 컨셉은 '누구에게, 무엇을, 어디에서, 어떻게, 전달할 것인가'를 응축해야 한다.

컨셉 잡기

히트 상품을 낳는
광고 컨셉의 공통점

:: 매출에 기여하는 광고 컨셉의 패턴

아무리 훌륭한 크리에이터라도 아무것도 없는 상태에서 아이디어를 창조해 낼 수는 없다. 광고 컨셉에는 반드시 어떤 배경이 있게 마련이다. 그것은 자신의 기억 속의 한 장면이기도 하고, 추억이기도 하다. 광고 컨셉을 발상하는 데 기본이 되는 주요 관점에는 다음의 네 가지가 있다.

- 상품에서 발상: 상품의 특성, 기능, 타사 상품과의 차별적인 우위성 등
- 소비자에게서 발상: 목표 고객, 이익, 상황 등
- 기업에서 발상: 기업의 역사, 생각, 시장 지위 등
- 시대적 발상: 사회 환경, 시대 배경 등

이 네 가지 관점을 기초로 광고 컨셉은 탄생한다. 광고 컨셉은 광고 대상의 범주가 무엇이냐에 따라 크게 달라진다. 〔그림 7-2〕는 주요 상품 범주에 따른 광고 컨셉의 축을 정리한 것이다. 여기에서 세로축은 상품 축 컨셉으로 기능에 호소하는 형태인지, 이익과 상황에 호소하는 형태인지를 판단하는 축이다. 가로축은 기업 인지도를 중시하는 형태인지, 브랜드 인지도를 중시하는 형태인지 판단하는 축이다. 이 광고 컨셉 지도를 통해 각각의 상품 범주를 배치한다. 그리고 컨셉 체계와 상품 범주에 따라 광고 컨셉의 형태를 파악할 수 있다. 광고 컨셉의 패턴을 정리하면 다음의 네 가지로 나눌 수 있다.

- 상품의 기능과 특징에 호소하며 브랜드 인지도를 중시하는 형태: 자동차, 의약품, 세제, 종이 기저귀 등
- 상품의 이익과 상황에 호소하며 브랜드 인지도를 중시하는 형태: 음료, 식품, 의류 등
- 상품의 기능에 호소하며 기업 인지도를 중시하는 형태: 소비자금융(사채), 이사업자, 주택 등
- 상품의 이익과 상황에 호소하며 기업 인지도를 중시하는 형태: 통신, 주택 등

이처럼 광고 컨셉은 상품의 특성에 따라 달라진다. 그리고 상품의 라이프사이클, 목표 고객의 변화 등에 따라서 광고 컨셉의 형태도 변한다.

그림 7-2 **주요 상품 범주에 따른 광고 컨셉의 축**

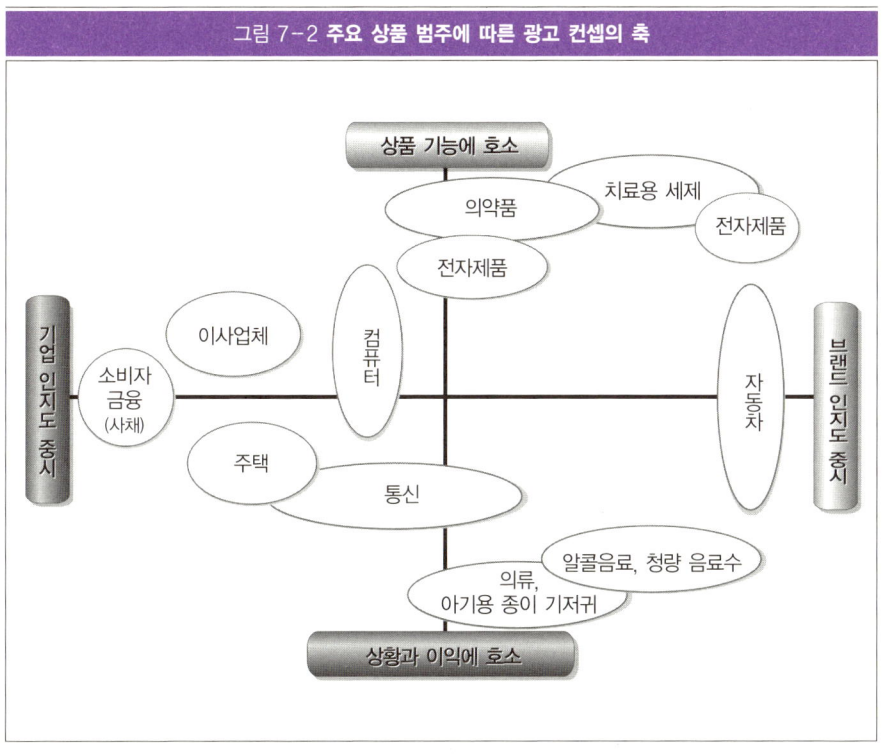

　예를 들면, 가오의 샴푸·린스 메리트Merit는 상품의 기능과 특징을 나타냈던 광고 컨셉을 소비자의 이익이라는 컨셉으로 바꿨다. 그럼으로써 메리트는 소비자의 취향이 유달리 변덕스러운 헤어제품업계에서 30년 동안 계속해서 인기를 누리는 장수 브랜드가 되었다.
　메리트라는 상품의 특성은 비듬 방지 성분인 '징크 피리티온'을 배합해 비듬, 가려움을 진정시킨다는 것이다. 메리트는 발매 당시 '비듬, 가려움에 효과가 있다'는 컨셉으로 광고를 했다. '기술력을 바탕으로 한 상품의 강력한 힘'이라는 컨셉으로 비듬이나 가려움에 잘 듣는다는 상품의 특성을 소비자에게 호소한 것이다.

그러나 1998년에 들어서면서 메리트의 점유율은 니혼 리버나 P&G 등 경쟁업체에 눌려 점점 감소했다. 그러자 메리트는 소비자의 머리 감는 빈도가 증가하는 점에 착안하여 '여린 두피를 보호한다' 라는 컨셉으로 상품을 개량했다. 그리고 광고 컨셉도 바꾸었다.

'부드러운 촉감으로 땀투성이인 아이의 머리카락을 부드럽게 감겨줄 수 있다. 패밀리 샴푸 메리트' 라는 새로운 컨셉이었다. 상품의 특성은 여전히 비듬과 가려움 방지였지만 굳이 이러한 키워드를 밝히지 않았다. 어디까지나 '부드럽게 씻을 수 있는 패밀리 샴푸' 라는 소비자가 얻게 될 이익에 호소한 것이다. 메리트는 상품이 시대에 대응하고 변하는 것처럼, 광고 컨셉도 변해야 한다는 것을 보여준 대표적인 사례다.

:: **상품의 기능과 브랜드 네임을 중시하는 광고 컨셉**

어느 가정에나 부엌용 세제가 있다. 부엌용 세제 광고는 상품의 기능을 철저하게 강조한다. 부엌용 세제에서 가장 중요한 기능은 세정력이라는 사실은 굳이 강조할 필요도 없다. 그 외에 거품, 피부에 좋은 성분, 냄새 제거력, 향기 등 상품의 기능을 철저하게 알린다.

그리고 기업명이 아니라 상품의 브랜드를 광고한다. 주요 부엌용 세제 제조업체로 패밀리 시리즈를 만든 가오, 차밍 Charming 을

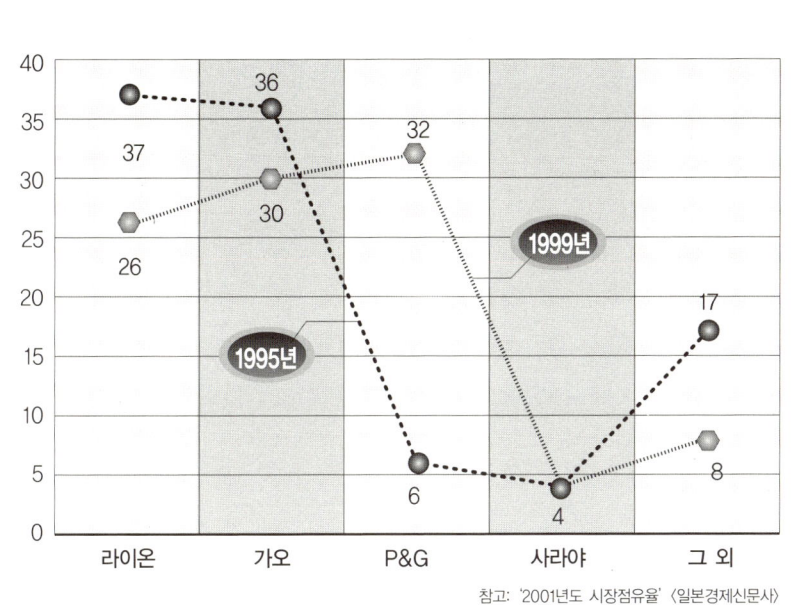

그림 7-3 **부엌용 세제의 시장점유율 비교**

참고: '2001년도 시장점유율' 〈일본경제신문사〉

출시한 라이온Lion, 조이Joy를 만든 P&G가 있지만 소비자는 이들 제품의 제조업체는 잘 알지 못한다. 기업명보다 브랜드 네임이 침투해 있기 때문이다.

일본비누세제공업협회에 의하면 주부들이 가장 싫어하는 가사일이 설거지라고 한다. 이 때문에 각 세제 제조업체에서는 즐겁게 설거지를 하는 영상을 광고로 내보내면서 제품의 기능을 강조한다. 라이온에서는 마츠다 세이코松田聖子의 노래와 함께 '마법처럼 기름때가 제거된다'는 점을 강조한다.

1995년 P&G가 조이를 시장에 출시하기 전까지 부엌용 세제 시장은 가오와 라이온이 양대 산맥을 이루며 전체 시장의 80퍼센트를 차지하고 있었다. 당시 P&G의 시장점유율은 약 6퍼센트에 지나지 않았다. 그러나 기름때에 효과적이라는 전략적 광고 컨셉으로 상황은 대역전이 되었다. P&G는 두 회사를 제치고 시장점유율 30퍼센트를 넘는 톱 브랜드로 자리 매김했다.

조이 한 방울로 접시의 기름때가 동심원 모양으로 퍼져 사라지는 광고는 제품의 기능을 철저하게 영상화한 것이다. 이는 부엌용 세제의 상품 컨셉 그 자체였고, 본질이었다. 상품의 본질을 광고의 본질, 즉 컨셉으로 활용한 것이다. 이 광고는 '컨셉=본질', '광고 컨셉=상품 본질의 표현'이라는 것을 알기 쉽게 전달해 주는 사례다.

:: **고객의 이익과 브랜드 네임을 중시하는 광고 컨셉**

깎아지른 듯한 절벽을 기세 좋게 오르는 남자들, 산 정상에 올라 '단번에 파이팅!' 하고 외친다. 다이쇼大正제약의 리포비탄D라는 드링크제 광고다. '단번에 파이팅'이라는 광고 카피는 소비자의 머릿속에 리포비탄D를 떠올리게 만든다.

1962년에 발매되어 장수 상품으로 꾸준한 인기를 누리고 있는 리포비탄D의 광고 컨셉은 '파워, 역동감, 활력이 넘치는 영양 드링크'다. 광고에서는 타우린이 배합되어 있다는 것뿐 그 이상은 언급하지 않는다. 소비자는 타우린이 무엇인지 잘 알지 못한다. 게다가 1,000mg은 겨우 1g밖에 안 된다. 소비자는 이것에 대한 의미도 잘 알지 못한다. 그러나 이것이 광고 컨셉이며 '타우린 1,000mg'은 소비자의 머릿속에 깊이 각인된다.

또 다른 사례로 다케다タケタ제약의 아로나민V를 살펴보자. 아로나민V는 근육질과 힘의 상징인 할리우드 스타 아놀드 슈왈츠제네거를 수년 동안 광고에 등장시켰다. 다나베田邊제약의 아스파라 드링크 역시 근육질의 아스파라맨이 '한 병 마셔볼까?', '피곤할 때 한 병 어떠세요?' 하면서 광고에 등장한다.

한편 산쿄三共제약의 리게인도 마찬가지다. 목표 고객은 바쁘게 일하는 비즈니스맨이다. 1989년 리게인이 발매되었을 당시는 일본 전역이 거품 경기로 들떠 있을 때였다. 산쿄제약은 '24시간 싸울 수 있습니까?'라는 광고 카피를 통해 열심히 일하는 비즈니스맨에게 응원을 보냈다. 이 광고 카피는 한동안 유행했고, 히트 광고가 되었다.

그러다 거품 경제가 붕괴되면서 광고의 내용도 건강을 잃은 일본인을 투영하듯 피곤해진 비즈니스맨을 치유한다는 메시지로 바뀌었다. 그렇게 만들어진 2002년 광고 카피는 '한 번 더 힘내라 일본! 힘내라 비즈니스맨!'이었다. 상품 개발 담당자에 따르면 일본 경제의 부활에 대한 염원을 담고 있는 메시지라고 한다.

광고에서는 영양 드링크제의 효과와 원리에 대해서는 설명하지 않는다. 타우린의 효능도 설명하지 않는다. 그러나 어느 상품이나 '활력, 힘, 승리'라는 메시지를 상황을 통해 호소한다.

소비자의 기억에 남는 것은 타이쇼제약, 다케다제약, 다나베제약, 산쿄제약이라는 기업명이 아니라 리포비탄D, 아로나민V,

아스파라, 리게인 등의 상품명이다.

:: **상품의 기능과 기업명을 중시하는 광고 컨셉**

"공부합시다! 이사할 땐 사카이!"

엘리베이터 문이 열리며 만자이 풍의 옷을 입은 나니와難波 지역(오사카를 비롯한 그 부근을 지칭하는 말—옮긴이)의 남녀 한 쌍이 오사카大阪 사투리로 말하며 춤을 춘다. 화면에는 큰 자막으로 '공부합시다! 사카이 프리 다이얼'이라는 단어가 몇 번씩 튀어나온다. 이 TV 광고는 사카이 이삿짐센터의 광고다(그림 7-4).

이사업체 입장에서는 기업의 인지도를 높이는 것이 제일 중요하다. 소비자는 이사를 할 때 제일 먼저 이사업체를 선택하기 때문이다.

사카이 이삿짐센터의 본사는 오사카 서부의 사카이堺 시에 있다. 1979년에 창업한 사카이는 주로 관서 지역을 중심으로 사업을 전개하고 있었다. 1995년 도쿄 진출을 눈앞에 두었지만 도쿄에서는 인지도가 거의 없었다. 사카이는 이 광고를 통해 '사카이'라는 기업명을 소비자에게 강력하게 인식시켰다. 더욱이 '공부합시다'라는 키워드를 통해 '가격이 저렴하다'는 사카이의 특징을 알렸다. 사카이는 이 광고를 내보낸 이후 17개월 연속으로 소비자들의 높은 호응을 얻었고, 빅히트를 쳤다. 동시에 단번에 4위 이사업체로 뛰어올랐다.

그리고 1997년에는 '일은 확실하게'라는 키워드를 제시했다.

그림 7-4 사카이 이사짐 센터 홈페이지와 광고

◆1993년

◆1997년

그렇게 '이사업체는 사카이'라는 인상을 소비자에게 뿌리깊이 각인시켰다. 그 후 '가격은 저렴하고 일은 확실한 사카이'라는 카피를 통해 저렴한 가격과 이사업체의 본질인 업무의 질에 대한 향상을 호소했다. 사카이의 사례를 통해 회사의 여건에 따라 광고도 변한다는 것을 알 수 있다.

한편 금융업계 역시 기업명의 인지도를 높이는 것이 기업의 이미지와 신뢰성을 향상시키는 역할을 한다. 때문에 프로미스(일본의 개인 금융회사—옮긴이)나 아코무(일본의 개인 금융회사—옮긴이)에서는 기업명을 각인시키는 문구와 사운드 로고를 광고의 마지막이나 처음 부분에 삽입한다. 프로미스는 '노란색 간판 프로미스', 아코무는 '최초의 아코무'라는 사운드 로고를 사용한다.

또 프로미스는 어떤 때 프로미스가 편리한지, 처음 이용할 때 어떻게 해야 하는지 알려준다. 아코무도 처음 전화하는 고객에게 서비스의 장점을 알린다.

한편 타케후지武富士(일본의 개인 금융회사로 불경기에도 매출신장이 높은 것으로 유명한 회사—옮긴이)는 '타케후지의 댄서들' 이라는 광고로 수년 동안 주목을 끌었다. 타케후지의 서비스를 직접 알리는 것이 아니라 안정성을 홍보한 것이다. 타케후지 댄서들의 춤과 광고 음악이 바로 타케후지인 것이다. 이러한 광고 컨셉으로 '춤을 배우고 싶다', '곡명을 알려 달라' 는 소비자의 요청이 쇄도했고, 인터넷에 열두 명의 댄서 프로필이 소개되었다. 금융과 딱 달라붙는 바지를 입은 댄서와의 관계는 지금까지도 수수께끼다. 그러나 타케후지의 댄서는 새로운 광고 컨셉으로 높은 평판을 얻었다.

:: 고객 이익과 기업명을 중시하는 광고 컨셉

휴대전화 광고는 고객이 얻는 이익과 상황에 호소하는 경우가 많다. 소비자로 하여금 '이런 기능도 가능하구나. 과연 편리하군' 하고 생각하게 만든다. 모바일 카메라가 장착된 휴대전화가 그 대표적인 사례. 휴대전화에 내장된 카메라를 사용해 촬영한 영상을 메일로 보낼 수 있다.

사실 이러한 기능을 가진 휴대전화는 수년 전에도 상품화된 적이 있다. 그러나 당시에는 시기상조였다. 소비자의 흥미를 끌지 못 했고, 소비자는 자신이 어떤 이익을 얻을 수 있는지 상상하지 못 했다.

이와 관련해 고객의 이익과 상황에 호소하는 히트 광고로 제이폰J-Phone, 에이유AU 등의 광고가 있다. 제이폰의 광고 중에 미팅 상대의 사진을 수신한 여성이 사진을 보고 상대에게 퇴짜를 놓는다는 미팅 편이 있다. 에이유는 오랜만에 만난 학창 시절의 친구 이름이 떠오르지 않아 그 친구의 사진을 몰래 찍어 다른 친구에게 전송하여 누구인지 물어본다는 내용의 광고를 내보냈다. 그 외에도 모바일 카메라를 사용할 수 있는 상황이 다양하다는 광고를 계속 소개했다. 이처럼 새로운 기능을 가진 상품은 고객의 이익과 상황에 호소하는 광고 컨셉이 필요하다.

:: **차 전쟁에서의 광고 컨셉의 차이**

일본에서는 수년 전부터 차茶 붐이 일고 있다. 일본차, 우롱차, 브랜딩차, 그리고 2002년 봄부터는 중국 녹차까지 가세해 경쟁이 치열해지고 있다. 제조 방법에 따라 맛과 향, 맛의 깊이가 달라진다 해도 차는 어디까지나 차일 뿐이다. 이처럼 같은 범주의 상품은 차별성을 강조하기가 쉽지 않다.

그렇다면 어떤 광고 컨셉으로 소비자에게 다가가야 할까? 사례를 통해 살펴보자. 일본 녹차 브랜드를 〔그림 7-5〕로 정리해 보았다. 어느 회사든 차 잎의 종류와 제조 방법에 중점을 두고 있지만 제품의 핵심 컨셉은 '맛, 향, 색깔' 등이다.

때문에 각 회사마다 상품의 차별성을 전달하기 위해 애쓴다. 녹차는 식사 후 혹은 잠깐 쉬면서 마시는 것이므로 광고 컨셉도 소비자의 상황이나 이익에 호소하는 경우가 많다. '어떤 찻잎을 사용하는가', '제조 방법은 어떤가' 등을 아무리 말해도 소비자에게는 와 닿지 않는다. 따라서 맛이 뛰어나다는 것, 풍부한 맛의 이미지에 호소해야 한다. 즉 고객의 이익과 상황이 광고 컨셉이 되는 것이다.

격전장이 된 차 시장에서는 인기 탤런트와 여배우를 기용하여 여유로운 느낌, 깨끗한 느낌, 홀가분한 느낌을 강조했다. 히트 상품이 된 기린의 '나마차'는 제품의 신선함을 강조하면서 '차에서 감칠맛이 난다, 나마차는 신선하니까'라는 메시지로 호소했다. 제품의 특징은 기능이라는 점을 전면적으로 부각시킨 광고였다. 아사히의 '우마차'도 기술 개발력을 바탕으로 '차의 맛을 동결시킨 농축 엑기스'에 초점을 맞추어 '떫은맛을 단맛으로'라는 메시지를 전달했다.

두 회사는 경쟁 상대를 의식한 메시지를 전달했다. 게다가 두 회사 모두 기능을 중시했다. 그러나 브랜드 네임과 맛이 소비자에게 침투하자 상품의 특징이 아닌 이미지를 앞세우는 광고 컨셉으로 바꾸었다. 기린은 "손을 흔들면서 걸었더니 기분이 좋아졌습니다. 기분 전환!"이라는 메시지를, 아사히는 이에 대응해 "봄바람, 우마차를 마셔 보지 않겠습니까?"라는 메시지를 전달했다. 둘 다 봄의 싱그러움, 건강한 느낌을 차에 투영시켜 호소한 컨셉이라고 할 수 있다.

그림 7-5 **일본 차 회사의 브랜드**

기업명/브랜드명	특징	광고	광고 컨셉
●이토엔 오오이 오차	향료나 조미료를 일절 사용하지 않은 독특하고 상쾌한 맛		일본의 색깔, 일본의 사계의 풍경을 표현
●코카콜라 미로차	몇 가지의 차를 섞어서 쓴맛, 떫은맛을 억제한 부드러운 맛		달콤하고 깊고 부드러운 세계관
●JT 우부차	프레시 드링크 차 제조법으로 막 달여낸 색깔, 맛, 향기를 구현		금방 달여냄 =태어남 =갓 탄생
●기린 비버리지 나마차	부드러운 감칠맛 1.4배, 떫은맛 4분의 3		살아 있는 맛 오차의 감칠맛
●아사히 음료 우마차	녹차의 쓴맛, 떫은맛을 제거한 동결농축 엑기스로 맛을 살림		떫은맛에서 부드러운 맛으로
●산토리 미도리미즈	찻잎을 중요시함(동결찻잎), 물을 중시함(천연수)		상쾌함이 빛나는 오차
●삿포로맥주 음료 오쿠로하이리 오차	첨가물을 전혀 사용하지 않아 녹차 고유의 맛을 강하게 살려냄		고급이란 점을 강조
●다이도 드링크 하노차	텁텁한 녹차		맛과 건강

제7장 광고의 컨셉

한편 차 음료의 톱 브랜드인 이토엔의 '오오이 오차'는 발매 당시부터 광고에 '오오이 오차!'라는 문구를 사운드 로고로 활용함으로써 '이토엔=오차', '오차=이토엔'라는 도식을 소비자에게 호소했다. '오차는 이토엔의 것'이라는 메시지를 기호화하고 정형화한 경우다.

컨셉 잡기
••••

컨셉 트리를 이용한
광고 컨셉 분석

:: 광고 컨셉 도출과 제작에 반드시 컨셉 트리를 사용하라

지금까지 여러 광고의 컨셉 사례를 살펴보았다. 그렇다면 히트 광고를 만들어낸 크리에이터는 어떤 식으로 광고 컨셉을 이끌어 냈을까? 크리에이터가 새로운 발상으로 사고하고 새로운 언어 체계를 갖고 있다면 언제라도 독특한 방식의 광고를 만들어낼 수 있을 것이다.

어느 정통파 크리에이터는 상품에서 이끌어낼 수 있는 키워드를 가능한 한 끌어내고, 그것을 한 번 걸러낸 다음 그 컨셉을 짧은 단어로 응축시킨다고 한다. 바로 컨셉 트리를 이용하는 것이다. 물론 어떤 크리에이터는 재미있다고 생각되는 컨셉을 처음부터 생각해 내기도 한다. 컨셉을 만들어내는 방법은 여러 가지 있다. 그러나 여기서는 컨셉 트리를 이용하여 광고 컨셉을 만들어 보기로 하자.

광고 컨셉 제작은 기업의 메시지나 상품 컨셉을 누구에게 무엇을 어떻게 전달할 것인지에 관한 특징과 본질을 이끌어내는 과정이다. 이미 존재하는 상품의 컨셉을 전달하는 것이 바로 광고 컨셉인 것이다.

광고 컨셉은 '창조와 논리'가 결합되어야 한다. 광고 크리에이터나 카피라이터처럼 창의적인 발상과 아이디어, 영감을 논리적 사고로 결합해야 한다. 논리만으로도 안 되고, 영감만으로도 안 된다.

광고 컨셉을 만들 때 활용하는 도구는 컨셉 트리와 컨셉 매트릭스다. 이는 논리적인 사고법의 도구다. 컨셉 트리는 가능한 한 요소를 확대하기 위해 사용하고, 컨셉 매트릭스는 요소를 압축하기 위해 사용한다. 광고 컨셉을 생각할 경우 컨셉 트리에서는 먼저 무엇을 위한 광고인지 목적을 정리해야 한다. 목적에 따라 컨셉이 달라지기 때문이다.

먼저 '넘버2'라는 광고 사례를 살펴보자. 넘버2는 IDO, DDI, KDD 세 회사의 합병으로 설립된 KDDI라는 기업명의 인지도를 높이기 위해 만든 광고다. 광고 컨셉은 '넘버2가 세상을 재미있게 한다'는 것이었다. 넘버2라는 점을 적극적으로 활용해 눈에 띄는 점, 기억하길 원하는 점을 알리는 것이 이 광고 컨셉의 목적이었다.

상품 개발 컨셉과 마찬가지로 컨셉 트리에서 중요한 것은 상징적 목표다. 목표가 막연하면 상품 컨셉이 흐려지고 동시에 누구를 향해 호소할 것인지에 대한 광고 컨셉도 흐려진다. 여기서 주의해야 할 점은 상품 목표와 광고 목표가 반드시 일치하지는 않는다는 것이다. 상품을 사용하는 사람이 항상 구매를 하는 것은 아니기 때문이다. 광고의 목표 고객은 구매 결정자와 구매 유도자라는 사실을 명심해야 한다. 그리고 목표 고객이 어떤 상황에서 그 상품을 구매하는지 고려해야 한다.

수년 전까지만 해도 '경차는 여성용 자동차'라는 이미지가 강했다. 그러다 광고에서 할리우드 스타인 레오나르도 디카프리오를 등장시켰더니 남성 구매자가 증가했다고 한다. 소비자는 디카프리오가 차에 타는 장면을 보면서 '저 차를 타면 나도 저렇게 멋져 보이겠구나' 하는 자신의 이미지를 떠올린 것이다.

또 광고에서는 예산이나 목적에 따라 어떤 미디어를 활용할 것인지 고려해야 한다. '심금을 울리는 자동차'를 테마로 한 미쓰비시 자동차는 TV 광고뿐만 아니라 신문, 포스터 등 인쇄매체도 활용했다. 이 광고의 컨셉은 '자동차가 사람과 만났을 때 설레는 시간과 상황을 드라마처럼 묘사한다'는 것이었다. 그러나 이런 컨셉을 TV 광고에서는 전부 전달할 수 없었고, 결국 인쇄매체를 통해 마치 소설처럼 전달했다(그림 7-6).

인쇄매체를 통해 전달된 컨셉은 TV 광고를 통해 다시 한 번 전달되기 때문에 더 큰 상승효과를 기대할 수 있다. TV는 15초에서 30초라는 짧은 시간 동안 컨셉을 전달해야 한다. 그러나 인쇄매체에서는 상품에 대한 더 많은 정보를 전달할 수 있다.

활용하는 미디어에 따라 표현 방법도 달라진다. 음악은 어떨까? 실제 사진, 애니메이션, 컴퓨터그래픽, 캐릭터, 탤런트, 나레

그림 7-6 미쓰비시 자동차의 TV 광고와 새로운 광고의 표현

첫 데이트 장소로 주차장이 넓은 레스토랑을 선택했다.
어젯밤 잠도 안 자고 침대 안에서 세운 계획대로라면, 지금 그녀는 선망의 눈길로 나를 바라보고 있어야 했다.
그러나 그녀는 지금 주차장에서 외치고 있다. 눈에 띨 정도의 큰 포즈와 큰소리로 "좋아, 좀더 오른쪽, 오른쪽이라니깐" 라고 말이다.
그녀의 집을 나와 오른쪽으로 핸들을 꺾는 순간부터 악몽은 시작됐다. 초보 운전자 딱지를 붙인 나의 차, 정지한 채 우왕좌왕 하는 자동차들, 연이은 경적 소리! 교차로에 서 있는 자동차의 모든 눈빛이 비난을 담은 시선으로 나를 향하고 있는 기분이다. 조수석에서 말 없이 앉아 있는 그녀의 시선도….
"운전도 못하는 남자라고 생각된다면 최악이지."
운전학원에 다닐 적에 친구들과 이런 이야기를 자주 했다. 그래서 이 레스토랑을 선택한 것이었다. 요리나 분위기보다는 주차하기가 쉬울 테니까.
그리고 '좋아, 좋아'를 몇십 번이나 외친 끝에 마침내 그녀가 손가락으로 오케이 사인을 보내 왔다. 등줄기에서는 식은땀이 흐르고 있었다. 빌려온 아버지의 자동차는 다행히 무사했다. 차선의 꽁무니를 밟고 있어서 보기에는 나빴지만.
"난, 가만히 앉아 있을 수 없는 사람만 보면 약해져!"
그녀가 격려해 주자 나는 처음으로 웃을 수 있었다.

웃고, 사랑하고, 찡하기도 하고.
우리들의 자동차가 이런 시간을 만들어 줄 수 있다면 기쁘겠지요. 자동차가 당신을 설레이게 합니까?
- 심금을 울리는 자동차 Heart Beat Motors!

TV로 전달하기 어려운 메시지를 신문으로 전달한다!

이션은 어떨까? 광고는 크리에이터의 예술 작품이 아니다. 광고가 예술로 직결된다 하더라도 소비자에게는 잘 전달되지 않는다. 따라서 '컨셉을 어떻게 표현할 것인가?' 하는 컨셉의 표현 방법은 컨셉 설정과 마찬가지로 매우 중요한 요소다. 이것을 컨셉 트리로 정리해 컨셉 옵션까지 가지고 가야 한다.

광고 외의 효과도 중요한 요소다. 광고 외의 효과란 광고가 광고로 그치지 않고, 광고에 사용한 음악이 히트를 친다거나 광고 내용을 바탕으로 드라마로 만들어진다거나 실제로 상품이 잘 팔리는 것을 말한다. 대표적인 사례는 조지아Georgia의 '내일이 있으니까' 시리즈다. 그 외에 기린의 '최고의 시보리'라는 광고에 맥주와 함께 등장한 안주가 잘 팔리는 현상도 그렇다. 이러한 효과를 고려해 광고 컨셉을 정리해야 한다.

:: **컨셉 트리를 이용한 광고 컨셉 설정의 실제**

이번에는 '내일이 있으니까' 시리즈를 컨셉 트리로 분석해 보자. 조지아 캔커피의 광고 '내일이 있으니까' 시리즈는 2000년 9월에 시작되어 빅히트를 친 광고다. 조지아는 원래부터 캔커피업계에서는 톱 브랜드였지만 이 광고 시리즈로 더욱 확고한 입지를 구축했다. 게다가 광고에서 사용된 노래도 큰 인기를 얻었고, 드라마와 영화로 확대되어 광고 외의 효과도 누렸다.

그렇다면 이 광고가 투입되기 전으로 거슬러 올라가 크리에이터의 입장에서 광고 컨셉을 분석해 보자. 컨셉을 분석하기 전에

그림 7-7 '내일이 있으니까'의 컨셉 트리

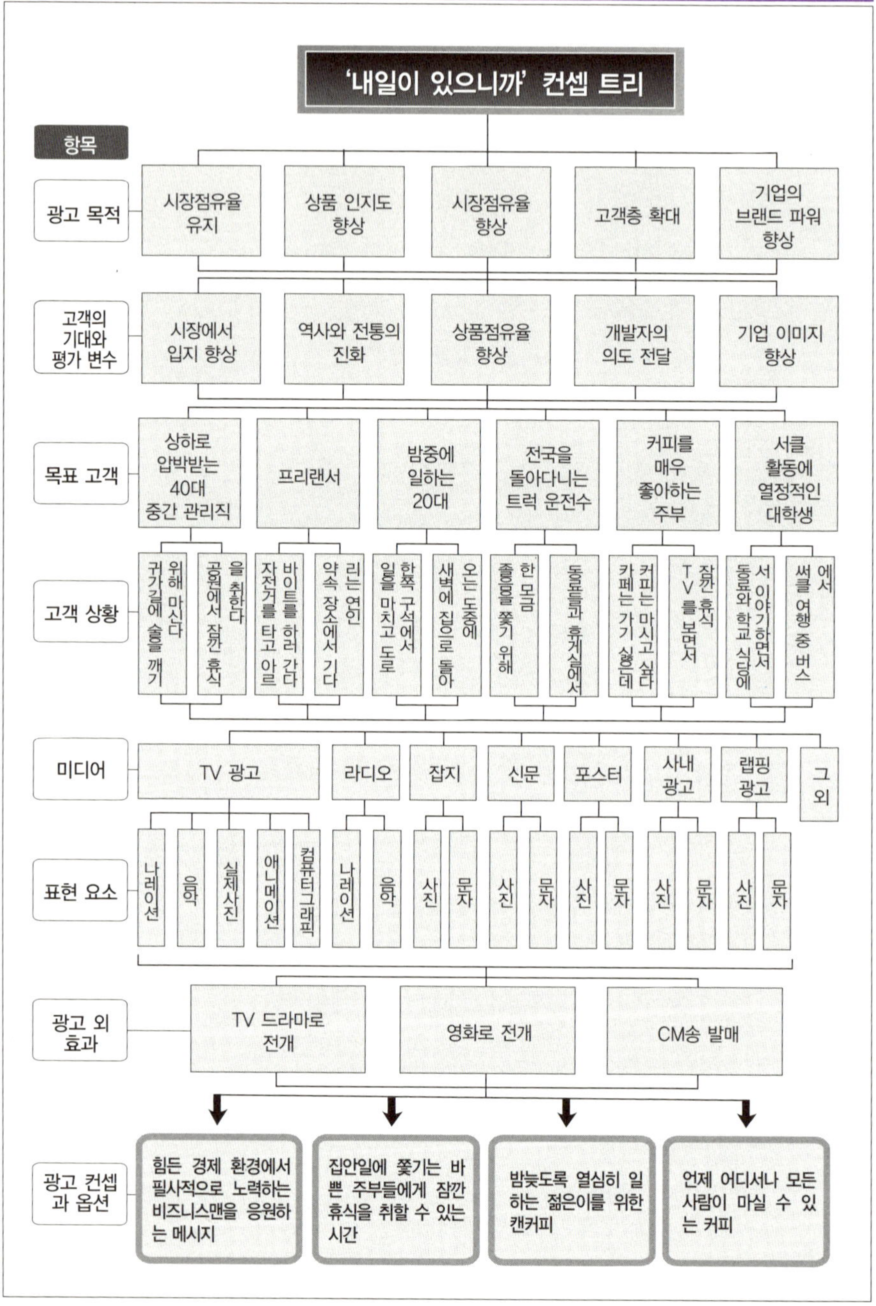

'내일이 있으니까' 컨셉 트리

항목	내용
광고 목적	시장점유율 유지 / 상품 인지도 향상 / 시장점유율 향상 / 고객층 확대 / 기업의 브랜드 파워 향상
고객의 기대와 평가 변수	시장에서 입지 향상 / 역사와 전통의 진화 / 상품점유율 향상 / 개발자의 의도 전달 / 기업 이미지 향상
목표 고객	상하로 압박받는 40대 중간 관리직 / 프리랜서 / 밤중에 일하는 20대 / 전국을 돌아다니는 트럭 운전수 / 커피를 매우 좋아하는 주부 / 서클 활동에 열정적인 대학생
고객 상황	귀가길에 술을 위해 마시다 깨기 / 공원에서 잠깐 휴식을 취한다 / 자전거를 타고 알바이트를 하러 간다 / 약속 장소에서 기다리는 연인 / 한쪽 구석에서 일을 마치고도 / 새벽에 집으로 오는 도중에 / 한 몸 졸음을 쫓기 위해 / 동물들과 휴게소에서 / 커피는 마시고 싶은데 카페는 가기 싫다 / 잠깐 휴식, TV를 보면서 / 서클 이야기하면서 동료와 학교 식당에 / 썰매 여행 중 버스에서
미디어	TV 광고 / 라디오 / 잡지 / 신문 / 포스터 / 사내광고 / 랩핑광고 / 그 외
표현 요소	나레이션, 음악, 실제사진, 애니메이션, 컴퓨터그래픽 / 나레이션, 음악 / 사진, 문자 / 사진, 문자 / 사진, 문자 / 사진, 문자 / 사진, 문자
광고 외 효과	TV 드라마로 전개 / 영화로 전개 / CM송 발매
광고 컨셉과 옵션	힘든 경제 환경에서 필사적으로 노력하는 비즈니스맨을 응원하는 메시지 / 집안일에 쫓기는 바쁜 주부들에게 잠깐 휴식을 취할 수 있는 시간 / 밤늦도록 열심히 일하는 젊은이를 위한 캔커피 / 언제 어디서나 모든 사람이 마실 수 있는 커피

먼저 컨셉 트리를 정리해 보자(그림 7-7). 컨셉 트리는 컨셉을 만들기 위한 가설군이다. 생각나는 요소를 최대한 이끌어낸다. 조지아의 새로운 광고 캠페인을 위한 광고 컨셉 트리에서 우선 고려해야 할 것은 새로운 광고 캠페인의 목적이다. 조지아라는 상품을 시장에 자리 잡게 하는 것이 광고의 목적이다.

컨셉 트리에서는 이러한 광고 목적을 파악하는 것을 1단계로 한다. 다음 단계에서는 캔커피 시장에서의 고객 축을 정리한다. 그리고 기업의 시장 위치, 브랜드 이미지, 기업의 역사, 개발자의 사고 등을 정리한다.

그 다음 단계에서는 목표 고객을 정리한다. 캔커피의 소비자는 대부분 2, 30대 남성이다. 예를 들면 경쟁업체인 산토리는 '보스 BOSS'라는 제품명을 사용했는데, '비즈니스맨을 위한 캔커피'로 남성을 이미지화한 것이다. 그렇다면 조지아는 여성층으로 범위를 확대할 것인지, 아니면 남성이라는 목표 고객을 고수할 것인지 가설을 정리해야 한다.

다음에는 광고 컨셉으로서 매우 중요한 상황을 정리한다. 캔커피 광고는 잠깐 휴식을 취하고 싶을 때, 졸음을 떨치고 싶을 때, 기분 전환을 위해 마시는 음료라는 상황에 호소하는 광고 컨셉이 많다. '누가 언제 마시는가'라는 것을 기본으로 한 캔커피 고객 시나리오는 광고 컨셉으로 자주 이용된다.

여기까지는 광고 그 자체의 컨셉이고 그 다음 단계에서는 이 광고 컨셉을 어떻게 전달할 것인지를 생각해야 한다. 우선 매체부터 생각해 보자. 효과적인 미디어 믹스를 생각해 내기 위해 주요

매체 이외에도 포스터, 교통 광고 등 가능한 매체를 전부 고려해 보자. 어떤 매체를 이용할 것인지에 따라 어떤 표현법을 선택할 것인지도 정리해야 한다. TV는 다른 매체에 비해 음악, 영상, 나레이션 등 표현 가능한 방법이 많다. 영상만 하더라도 실제 사진을 사용할 것인지, 애니메이션이나 컴퓨터 그래픽을 사용할 것인지 등 다양한 선택을 할 수 있다. 한편, 신문은 전달하고자 하는 메시지를 대부분 사용할 수 있다는 장점이 있다.

마지막으로 컨셉이 될 수 있는 기능을 핵심 메시지로 묶는다. 이는 어디까지나 가설로서의 옵션이다. 이번 컨셉 트리에서는 다음 네 가지를 옵션으로 정해 보자.

- 어려운 경제 상황에서도 필사적으로 노력하는 비즈니스맨을 응원하는 메시지
- 바쁜 하루를 보내는 어머니에게 잠깐의 휴식시간을 부여하는 메시지
- 밤늦도록 열심히 일하는 젊은이를 위한 캔커피
- 언제 어디서나 모든 사람을 편안하게 해줄 수 있는 캔커피

지금까지 광고 컨셉 가설을 만들어 정리해 보았다. 그러나 아직까지 가설이다. 이제부터 컨셉 매트릭스로 축소해 보자.

컨셉 잡기
• • • •

컨셉 매트릭스를 이용한 광고 컨셉 만들기

:: 컨셉 매트릭스로 광고 컨셉을 창조한다

이제 컨셉 트리에서 생각해 낸 변수를 컨셉 매트릭스를 사용해 본질에 다가가 보자. 광고 컨셉 매트릭스도 전략, 비즈니스 모델, 상품 컨셉과 마찬가지로 요소 정리, 고객 관점, 본질 숙성, 핵심 메시지 단계를 거친다.

요소 정리는 문제의식과 목적의식이다. 즉, 광고를 만들면서 발생하는 문제, 목적을 정리하는 단계이다. 광고의 컨셉 매트릭스에 있어서 요소는 다음 세 가지로 나눌 수 있다.

- 광고 목적
- 고객의 기대와 평가 변수
- 상징적인 목표

예를 들면 예산이 충분하지 않고 사회적인 제약이 있는 상품은 저해 요인이 문제의식이 된다(예를 들어, 담배는 상품 광고를 자제하고 있다). 목적의식은 무엇을 위해 광고를 하는 것인지 정리하는 것이다. 먼저 광고의 목적이 되는 요소를 제시하고 있는 트리의 상층부부터 압축한다.

고객 관점에 해당하는 것은 광고를 통해 소비자가 받을 인상, 정보, 느낌이다. 즉 상품에 대한 상황과 표현 방법이다. 만약 '이 상품을 사용한다면', '이 장소에 간다면' 등과 같은 유사 체험을 영상과 음악, 문자로 표현하는 것이다.

상황은 AIDMA, 미디어 믹스로 정리할 수 있다. AIDMA의 방식은 미디어 믹스와 관련시켜 전개할 필요가 있다.

본질 숙성 단계에서는 압축된 광고 컨셉의 표현을 바꾸어 보거나 탤런트를 바꾸어 보는 등 여러 가지로 변경해 볼 수 있다. 이 단계에서 지금까지 도출한 컨셉이 본질이 될 수 있는지 아닌지를 검증한다. 이 때 검증은 평가 시트를 활용한다.

마지막 단계는 핵심 메시지 단계로, '이 광고 컨셉은 이것이다'라고 한마디로 말할 수 있는 핵심 메시지를 만든다. 이 메시지는 그대로 광고 카피가 될 수 있는 응축된 한마디다.

앞서 언급한 조지아의 '내일이 있으니까' 시리즈의 컨셉 트리를 이용해 컨셉 매트릭스를 구상해 보자.

:: 컨셉 매트릭스에서 광고 컨셉을 압축한다

앞에서 '내일이 있으니까' 시리즈의 컨셉 트리로 광고 컨셉의 모든 변수를 상정해 보았다(그림 7-7). 그러면 이제부터 이 광고 컨셉을 컨셉 매트릭스로 정리해 보자(그림 7-8).

요소 정리 단계의 문제의식부터 살펴보자. 조지아는 이미 캔커피업계에서 톱 브랜드이고 상품 종류도 많다. 같은 브랜드라도 목표는 미묘하게 다르다. 여기서는 모든 목표 고객을 의식한 광고 전개가 전제 조건이 된다. '넘버원을 확고한 넘버원으로' 하기 위해서다. 다만 초점은 맞출 필요가 있다. 따라서 20대 후반에서 30대 비즈니스맨을 목표 고객으로 정한다.

목적의식은 톱 브랜드로서의 시장점유율을 유지하는 것이다. 따라서 다양한 캐릭터가 필요하다. 고객층을 여성층으로 확대하는 것도 중요하다. 여러 명의 탤런트를 기용하는 광고에서 모든 계층을 목표 고객으로 하려는 의도를 엿볼 수 있다.

고객 관점은 고객이 처한 상황과 상품의 표현 방법이다. 즉, 소비자가 광고를 보면서 체험할 수 있는 상황이나 받아들이는 정보다. 비즈니스맨이 언제 캔커피를 마시는지 고려해 '그래, 그런 적이 있었어'라고 공감할 수 있는 장면을 표현해야 한다.

구조조정, 사업 재편 등 비즈니스맨을 둘러싼 환경은 불안정하다. 따라서, '힘내세요!'라는 염원을 담아 '바쁜 일과 일상으로 지친 비즈니스맨이 긴장을 풀고 한숨 돌리며 기분 전환을 위해 마시는 커피'라는 상황에 호소한다. 그리고 이를 위해 '주위에 많

그림 7-8 '내일이 있으니까'의 컨셉 매트릭스

요소 정리	문제의식	• 상품 종류는 많지만 상징적인 목표에 호소하는 것을 목적으로 한다. • 상징적인 목표는 노력하는 30대 남성 비즈니스맨. • 모든 목표가 최대의 테마.
	목적의식	• 톱 브랜드로서 시장점유율을 유지하면서 확고한 위치를 구축한다.
고객 관점	상황	• 일이 바쁜 비즈니스맨들이 기분 전환으로 마시고 '자, 시작해 볼까!' 하고 일을 시작하는 신호(팀워크에 호소). • 정신적 영양 드링크, 커피.
	이익	• 비즈니스맨이 자신이 주인공이 되는 드라마 형식. • 시리즈, 스토리 구성이 뛰어난 내용. • 활력이 솟아나는 경쾌한 음악.
본질 숙성	풍부화	• 비즈니스맨에게 인기 있는 휴식 계통의 시리즈인 새로운 버전. • 남성 비지니스맨이 '내가 상사라면…' 하고 동경하면서 약간 어리숙한 남성 배우가 읊조리는 말투.
	옵션	• 비지니스맨의 응원 음료. • 언제 어디서나 젊은이들을 편하게 해주는 커피. • 성인 남성의 휴식 시간.

▼

핵심 메시지	노력하는 비즈니스맨에게 밝고, 활력을 불어넣어 줄 수 있는 팀 응원 음료 '조지아 캔커피!'

은 동료들이 있다', '업무는 고달프지만 서로 도와주는 팀이 되자' 등의 장면을 표현한다.

미디어는 TV를 중심으로 하되 잡지, 라디오도 활용한다. 캠페인을 할 때 신문 매체도 이용한다. 노래, 드라마로 전개될 광고 외의 효과도 고려한다. 광고 외의 효과는 광고의 힘을 증대시킨다는 사실을 명심한다.

전작에서는 여성 탤런트가 휴식을 취하는 모습을 표현했지만 새로운 광고에서는 상징적 목표와 부합되는 여러 명의 남자 탤런트를 기용하여 실제 사진을 사용하고, 드라마 같은 시리즈를 만들어낸다. 사운드는 밝은 이미지의 곡을 선택하고 '내일이 있으니까'라는 사운드 로고를 사용한다.

본질 숙성 단계에서는 지금까지 떠오른 컨셉을 한 번 더 검토한다. 이 단계에서는 컨셉이 본질에 부합하는지를 평가해야 한다. [그림 7-9]는 광고 컨셉을 평가하는 시트다. 컨셉에 차별적인 우위성이 있는지, 본질 숙성도가 있는지에 관하여 컨셉 옵션을 '◎, ○, △, ×, ××' 다섯 단계로 평가한다. 이 중 가장 높은 평가를 받은 컨셉은 '어려운 경제 상황에서도 필사적으로 노력하는 비즈니스맨을 응원하는 메시지'였다.

마지막으로 핵심 메시지를 이끌어낸다. 핵심 메시지는 '노력하는 비즈니스맨에게 활력을 불어넣어 줄 수 있는 응원 음료'이다.

불황, 구조조정, 성과주의 도입 등 비즈니스맨을 둘러싼 환경은 버겁다. 그러나 침체된 분위기를 날려 버리기 위해서는 비즈니스맨이 밝은 모습으로 노력해야 한다. 지금은 어렵지만 '내일이 있

그림 7-9 광고 컨셉 평가 시트

체크 항목과 내용		컨셉 옵션			
		옵션A	옵션B	옵션C	옵션D
		어려운 경제 상황 속에서 필사적으로 노력하는 비즈니스맨에게 보내는 응원 메시지	가사에 쫓기는 바쁜 주부들이 잠깐 쉴 수 있는 휴식 시간	밤늦도록 열심히 일하는 젊은이를 위한 캔커피	언제 어디서나 사람들을 편하게 해주는 캔커피
차별적 우위성	① 차별성 차이가 분명한가?	△	○	◎	△
	② 우위성 타사보다 훌륭한가?	○	△	△	△
본질 숙성도	① 본질 응축성 본질의 핵심이 응축되어 있는가?	○	○	X~XX	△
	② 설득력 잘 다듬어서 숙성했는가?	◎	△	△~X	△
컨셉 종합 평가		◎~○	○~△	△	△

'으니까' 라는 희망을 갖게 하는 컨셉이다.

실제로 집행된 광고는 시대적인 배경도 적절했고, 밝은 테마곡에 노력하는 비즈니스맨의 모습은 광고를 보는 동세대 직장인들에게 희망을 주었다. 광고 컨셉이 본질에 부합했기 때문에 소비자의 심금을 울리는 광고가 될 수 있었던 것이다.

각 장 담당자

1장 노구치 요시아키 野口吉昭
요코하마 국립대학 공학부 대학원 연구과정을 수료했다. 현재 HR 연구소의 대표이다. 주요 저서와 편서로『유전자 경영』,『경제 컨설턴트 핸드북』,『독창적인 기업』,『생각하는 조직』,『비즈니스 모델 구축을 위한 7가지 컨셉』등 다수가 있다.

2장 네소리 카츠마사 根反勝政
시니어 컨설턴트. 비전·전략 구축, 테크놀로지 마케팅 혁신, 세일즈 포스 프로그램 등을 담당하고 있다. 저서로『영업 전략 구축 활성방법』,『전략 시나리오의 노하우 두하우』,『로지컬 싱킹 노하우 두하우』등이 있다.

3장 이나마스 미카코 稻增美佳子
전무이사 컨설턴트. 마케팅 파워 업, CRM 전략 구축, 로지컬 싱킹 개발 등을 담당하고 있다. 저서로『CRM 전략의 노하우 두하우』,『프레젠테이션의 노하우 두하우』가 있고, 역서로『마더 테레사 생애의 말』이 있다.

4장 모리야 토모다카 守屋智敬
컨설턴트. 비즈니스 모델 구축, 피져빌리티 스터디(기업 실사 보고서), 프리젠테이션 기술 향상 등을 담당하고 있다. 저서로『비즈니스 플랜 책정 시나리오』,『비즈니스 플랜 기술』이 있다.

5장　**구니토모 히데키** 國友秀基

컨설턴트, 사업 전략, 마케팅 전략, 비즈니스 모델, 비즈니스 플랜 구축 등을 담당하고 있다. 저서로『전략 구상력을 연마하는 트레이닝 북』이 있다.

6장　**우치다 토모미** 內田友美

전무 컨설턴트. 세일즈 코칭 개발, 브랜드 개발, 마케팅 플랫폼 구축 등을 담당하고 있다. 저서로『세일즈 코칭 진행법과 활용법』, 『미래 지향형 조직의 시대』,『마케팅 노하우 두하우』등이 있다.

7장　**소메야 아야카** 染谷文香

컨설턴트. 비즈니스 플랜 구축, 학교 경영 전략, 디지털 컨텐츠 개발(WBT) 등을 담당하고 있다. 저서로『반드시 예스라고 말하게 하는 사업 기획서 제작법』,『참가형 경영 전략 책정 시나리오』등이 있다.